名师名校名校长

凝聚名师共识
回应名师关怀
打造名师品牌
培育名师群体

听说读写研

——我们的成长印记

TINGSHUODUXIEYAN
WOMENDECHENGZHANGYINJI

林小燕 / 主编

东北师范大学出版社

长 春

图书在版编目（CIP）数据

听说读写研：我们的成长印记/林小燕主编.——
长春：东北师范大学出版社，2022.6
ISBN 978-7-5681-9157-9

Ⅰ.①听… Ⅱ.①林… Ⅲ.①小学—班主任工作—经
验 Ⅳ.①G625.1

中国版本图书馆CIP数据核字（2022）第108854号

□责任编辑：石　斌　　　　　□封面设计：言之凿
□责任校对：刘彦妮　张小娅　□责任印制：许　冰

东北师范大学出版社出版发行
长春净月经济开发区金宝街 118 号（邮政编码：130117）
电话：0431-84568023
网址：http://www.nenup.com
北京言之凿文化发展有限公司设计部制版
北京政采印刷服务有限公司印装
北京市中关村科技园区通州园金桥科技产业基地环科中路 17 号（邮编：101102）
2022年6月第1版　2022年9月第1次印刷
幅面尺寸：170mm×240mm　印张：15.25　字数：245千

定价：58.00元

编　委　会

前
言

实践研究是最好的成长。

深圳市林小燕名班主任工作室着眼于中青年优秀班主任队伍建设，根据成员各自特点，以"做、听、说、读、写、研"的理念助力教师专业成长。以读促知，以知促行，以行促写，以写促研，在做中奠基、听中判断、说中锻炼、读中学习、写中提升，在实践中成长，工作室成员呈现出良好的发展态势：主动学习教育理论，提升专业素养；在实践中体验，在写作中反思，增加专业厚度；工作室为成员们搭建展示成果的平台，全面提升成员们的专业能力。

一线班主任的实践经验相对比较丰富，理论的学习相对比较薄弱。因此，我们提出发展性的定位建议，建立"以点带面、结队联动、辐射引领、互惠成长"的模式，进一步提升班主任的专业技能和素养。

实践型班主任向研究型班主任转化，专业化阅读和专业化写作是非常好的途径。第一章主要是呈现教师们在倾听中成长，或倾听专家与同行，或倾听自己。第二章介绍的是教师们在说中提升、说中锻炼、说中蜕变。第三章介绍了阅读的研修模式，即共读和自读。第四章将重点放在如何将日常所见所思通过总结、反思与提炼，形成物化成果。第五章呈现的是我们的部分研究成果。

三年来，工作室成员笔耕不辍，形成了很好的共学互学、互帮互助的研修氛围，我们根据成员的写作特长，将组员分成了四个写作小分队，分别是读后感写作小分队、教育叙事写作小分队、教育论文写作小分队、活动案例写作小分队，我们每个月都会有一个不同的写作主题，成员们根据主题进行写作。

作品初稿收集完成后，由小分队队长组织成员进行研讨，提出建设性的修改意见，以此帮助大家完善作品。作品几番修改之后，最终得以成型。三年来，工作室成员所撰写的文章相继发表在各大期刊媒体上，共计48篇。由此可见，这样的研修模式是可行的，是高效的。

从经验型班主任转向研究型班主任，在研修的路上，我们不盲从，平时结合学校要求，开展各项班级活动，以推动班级建设，提升研究意识，提升研究学生、分析班级现状的能力，从随意性走向系统性，从盲目地跟着学校各项要求走，到融合学校与班级的发展要求，有目的、有层次地组织各项班级活动，以推动班级建设的良性发展。

林小燕

目录

第三章　读后有感

第四章　笔耕不辍

第五章　教研相长

后　记

第一章

静心聆听

每一个人的成长都不是单一的，在成长过程中，我们用心倾听，静心聆听。聆听专家的讲座，我们如沐春风，一起感受教育的智慧。聆听自己的内心，我们豁然开朗、坚定了自己的选择。那一颗颗炽热的教育之心，让我们努力遇见更好的自己。

多方驱力，助力成长

深圳实验光明学校　林小燕

成长是一条轨迹，每一个人，每走出一步都会留下自己的痕迹。感恩我在工作的第十个年头，遇上了"新基础教育"。这遇见，就是一个华丽的转身，让处在职业倦怠瓶颈期的我找到了方向，不再迷茫，不再彷徨。与"新基础教育"的三年亲密接触，让我再次破土萌芽，唤醒"认识力"，形成"内动力"，孕育"生长力"。这一切除了自己的努力，更源于一路相伴的后方力量和强大的团队。

一、专家引领助成长

1. 理论引领

刚开始接触"新基础教育"时，我对一些关键词以及专业术语的表达，一头雾水。在李家成教授的引领下，我感受到了人与事的联系，经过了从模糊到清晰之间的转换，先进的教育理念逐渐化为我的日常教学习惯、思维方式，变成了我日常工作的一种模式。这让我明白，教师既是创造者，又是学习者；既是教育者，又是研究者。

2. 实践指导

理念如何落实于具体的教学实践中？刚开始，我甚是困惑，以自己的经验来说，之前的传统模式是以说教、讨论，表演等形式来开展班会课。这与"新基础教育"有很大的区别。李教授告诉我："新基础教育是要追求真实性，真实的实践，真实的开展活动，注重过程的创生。"从理论落地到实践，我一步步地摸索，以实践将之深化为一种工作意识和具体工作方式。我能理解并清楚地意识到自己为什么这么做。比如创意蛋糕坊活动，我会将其作为一种团队发展的项目来锻炼孩子的各项能力，从选择制作蛋糕、调查采访、筹备资金、学习制作、策划宣传、责任分岗、售卖蛋糕、总结提升等环节去结构化实施，进行长程系列设计。

"新基础教育"是做出来的，要靠真实的实践，让学生在实践的过程中成长。孩子努力实践的过程就是他们成长的过程，也是我成长的过程。

3. 写作指导

记得第一次"新基础教育"视导课后，李教授给我们每名上课的老师预设了一个论文标题。当时我不知道怎么写，也没有多加思考。实践了一年之后，李教授发来信息："小燕老师，如果你有时间，请将上两次活动的案例写一写，我觉得这两次案例挺好的。"当时收到李教授的信息，我很开心，但也很茫然。因为我不知道该怎么写。于是，我跟李教授谈起我的困惑。李教授随即发来一个案例让我参考。我细细研读，照着葫芦画瓢，学习别人的文章架构，我第一次这样细心认真地整理出《创意蛋糕促成长》的活动案例。这篇案例后来发表在《班主任之友》期刊上，这也是我第一次发表文章。我曾经觉得发表文章是一件非常难的事情，没想到自己也可以。这多亏了李教授的指导与引领。我告诉自己，原来写案例也不是那么难，只是因为自己没有掌握方法。就这样，之后每一次的活动实践，我都写成了案例，不管能不能发表，这对我来说不仅是总结提升，更是成长。李教授鼓励我："很少有老师愿意像你这样整理出自己的活动案例。"掌握了写案例的方法后，我又尝试着写实践性论文，之前每次写完文章，我都不想再回头看一眼。说真的，我当时也没有多在意，就直接发给了李教授。细心、耐心的李教授给我发回了宝贵的建议，从主题到结构，从标点到句段，写满了标注。成长路上，第一次有人这么用心地指导我。毫不夸张地说，我开始审视自己，一位大学老师竟然可以如此严谨，细致到对标点符号都要一一提醒。看到如此认真细致的李教授，我有什么理由不认真呢？这不仅是对写作的指导，也是对学术态度的一种指导，更是对做人的一种指导。

曾经有老师跟我说："你多写稿不停地投，总会有一个中标的。"但李教授告诉我："在写文章之前，你要先整体架构，思考好主题，表达要聚焦，你要投稿哪一家杂志，就要先研究这家杂志。"在写《以真实实践培养学生领导力》这篇文章时，李教授反复给我提修改建议，还指导我说："写作方面以后你要多锻炼，这次修改，一定要多考虑，每个字词、每个标点符号，为什么要这样修改，将每个修改之处弄明白，这些都是有意义的。"定稿后，李教授再次指导我："您看能否用10分钟时间，自己大声朗读一遍。这种方法能帮助自己找到语感、发现问题。写文章要注意，一开始就要以最规范的标准要求自己，这样慢慢就会形成一种良好的写作习惯。"

正是李教授这样的一次次指导，让我从茫然、害怕写作到学着去学习，去思考，去提炼，去反思，不但迎来《班主任之友》的约稿，也被邀做《班主任》杂志的封面人物。我心中明白，我的机遇来自"新基础教育"，来自李家成教授的一次次悉心指导。

二、团队合力伴成长

1. 学校支持

光明小学，一所充满正能量的学校，我工作了11年的学校，非常重视教师的专业发展，特别重视"新基础教育"的研究，因为校领导知道这样的研究、这样的实践是一场变革，可以更好地促进教师的专业成长，可以整体提升学校的水平。

无论是上课指导还是外出学习，学校都鼎力支持，给予我们最大的帮助。记得在我去广州参加广东省第五届班主任论坛的前一天，邓华香校长还亲切地跟我说："你怎样去？需要许司机送你去吗？有需要跟学校说。"这是学校对我的信任与关爱，是对"新基础教育"的大力支持。教育是最能体现人文关怀的事业。在光明小学，人文关怀从校长这里开始，大家不仅心中有人，而且有了整体的人，能处处从发展、成长的角度去关注人。邓校长曾跟我说："小燕，不管哪里请你去分享，你都要去，这既是提升自己的好机会，也是辐射影响别人的好机会。这样才能把好的资源放大。"

在平时的实践活动中，负责学生工作的何维泉副校长，总是亲力亲为，扎根于研究之中，与我们一起研讨，一起跟踪，一起学习。在我困惑不知所措时，他总能及时地开导我，并给我分析事情的原因，帮我找到方向。

有一句话说得很好，一个人可以走得很快，但一群人可以走得更远。在我们学校，就有一股强大的力量，团队中所有人都出谋献策，同心协力。

2. 教研员的指导

实践的第一年，每一次视导前，教研员谢德华主任总是亲自到学校进行指导，与大家一起策划活动的课题，讨论活动的细节。他一次次的追问，让我一次次清晰活动的方向，一次次更加深入地理解活动的育人价值。每次遇到困难时，我总是求助于他。而谢主任每一次都不厌其烦地给我解释，给我指导。三年里，我上了12节班队研讨课，每一次谢主任都不会落下，正是因为有他的悉心指导，我才能快速成长。

3. 身边的老师的陪伴

每一个人的成长都离不开身边的人，我非常感谢身边有一群一起奋战的伙伴：学校的资深老师张红主任的金点子特别多，经常给迷茫的我指点迷津；谢剑文主任给我的实践研究提供了有力的保障；还有班队团队的老师们，我们一起探讨，互相促进，共同成长。

三、多元平台促成长

1. 互相研讨学习

我们在共生体中互相学习，互相提建议，抱团取暖，携手共进。每一次视导大家聚集在一起时，是最好的提升自我的机会，也是共同进步的好时机。

2. 外出发言锻炼

2016年7月，李老师给我们光明新区的三名实践教师发了邀请函，邀请我们与他同台给上海骨干班主任培训。我当时真是受宠若惊。第一次坐在几百人的大会场上，我非常紧张，话语中伴有颤抖的声音，当时准备好的发言稿，我却一句都用不上，因为紧张带来的是语言的混乱。当时我觉得半个小时真的好漫长。下台之后，李老师安慰并指导我说："小燕老师的发言，没有聚焦把核心内容说透。没关系的，第一次总会有些紧张。"当时我除了内心的愧疚，更多的是佩服。这样的大学教授，全国有名的学者，竟然愿意带我们这样的菜鸟同台演讲，而不怕我们砸了他的场。这是何等大气！第二次的演讲是在广州，李老师带领我们光明新区的黄莹、丹妮、柳娟与我四名教师。在演讲之前的一周，李老师就在群里指导我们思考并列出提纲，演讲前一天，李老师再次召集我们对演讲内容做出整体架构，而且细心地检查我们的每一页PPT，当场揪出了我两个错别字，还对两个句子细细斟酌。李老师的严谨，再一次触动了我。

演讲当天，会场上聚集了广东省很多的优秀教师、专家和教授。而我们的演讲，引起了大家的共鸣，得到了会场所有人的高度称赞，也给后面的教师带来了压力。午餐时间会务组人员组织起下午汇报的老师，对他们说道："今天早上光明新区的老师讲得这么好，你们下午应该好好思考一下怎么发言。"此时，我才恍然大悟，原来我们已经走在优秀的路上。用柳娟的话说："刷出来的自信。"

在这次会议上，我领悟到了很多，特别是明白了学生的想象力是能在班级日常生活中培养的，也相信他们会有更多的可能性。我从不同老师的身上，学到了很多知识，我跟自己说，吸收了众人之长，才能形成自己的独特性。以前我做事也好，写文章也好，都是想到哪儿做到哪儿，可从黄莹老师的身上，我看到了何为整体思维，从柳娟老师与丹妮老师身上，我知道了何为深度思考，从静慧老师的身上，我看到了何为问题的清晰度。

这些都是源于"新基础教育"研究，源于我们的努力，源于三位大哥般的导师李教授、谢主任与何校长的帮助，源于邓校长的大力支持。

经由多方力量的支持、背后强大力量的引领，我从一个懵懂的老师，成为一个主动发展者，从一个聆听者成为一名讲述者，从一个被动学习者成为主动探究者，我有了整体建构研究路径的意识，并在实践过程中不断提升研究路径结构化的能力。

感恩所有遇见，我将一路砥砺前行，收获生命绽放的精彩。

时时勤拂拭

——个人专业发展规划

深圳市光明区光明小学　曾旭红

从教近几年，慢慢沉淀，"身是菩提树，心如明镜台"，自有一种波澜不惊的从容让我远离事世的喧嚣，自有满载书香的一方角落任我自由徜徉，自有如荔园杨柳依依的文山湖畔般的心湖令我流连其中。只是，我依然不忘"时时勤拂拭"，不使自己的心染上懈怠、浮躁、功利的尘埃。

一、拭去懈怠之心

"总是要等到考试以后，才知道该念的书还没有念……"《童年》这首欢快的歌曲曾经风靡我们的校园。如果将其改成"总是要等到工作以后，才知道自己只学了一点点"，似乎更适用于我们现在的工作状态。时间如梭，学习要趁早，所以，我们抓紧每分每秒认真学习。但工作以后呢？我们四年本科的知识储备似乎足够应付现在的教学工作了，那么，我们是否便可以停止自己学习的脚步了呢？

李吉林老师在《语文教师的专业发展》这个讲座的开篇，即点出"语文老师的专业发展应抓住一个'早'字"，规划越早越好，学习越早越好。年逾七旬的李吉林老师依然笔耕不辍，保持着一颗好学之心，身体力行地实践着"莫等闲，白了少年头，空悲切"的呼喊。而我呢？古今中外的教育名著，我看了多少了呢？中外教育史的发展历程，我了解多少了呢？作为一名优秀的班主任应具备的各项能力——家校沟通的技巧、特殊学生的教育、班风学风的构建等，我足够扎实了吗？对教育的规律，我又是否能够炉火纯青地运用了呢？

如同华图教育高级总裁于洪泽先生所言：每个人的青春都不容易，为了不苦一辈子，一定要先苦一阵子。我亦如此！拭去懈怠之心，在忙碌的工作之余，时时提醒自己，要保持一颗好学之心！因此，在工作间隙，我购买了大量各类有关教育教学的书籍，边阅读边做笔记，以期将从各位老教师处取得的教育经与书本中的知识相融合，结出一家之言。

二、拭去浮躁之心

当今社会是一个热情洋溢的世界，也是一个浮华躁动的世界；是一个充满机会与竞争的世界，也是一个充满诱惑与欲望的世界。身处繁华都市，马不停蹄的快节奏生活总免不了让人心生燥气，进而带给工作、生活种种不如意。

古语说得好——"定能生慧，静纳百川"，诸葛亮也曾说"非淡泊无以明志，非宁静无以致远"，朱熹也有一句名言——"一切学问皆从静中养其端倪"，我看着自己一脸的燥气，更深感在专业和品格修养方面，静下心来，拭去浮躁之心显得多么重要。

1. 静心研究专业技能

从教几年，我在专业上略有建树，但前路漫漫，仍需戒骄戒躁，急进不得。记得去年与临退休老教师交谈，提及新学期班级管理、班风建设等问题，她还说要利用暑假好好规划一下下学期的工作，我深感佩服。一个经验丰富的老班主任、老级组长尚且如此用功，我更应该静下心来，探求提高专业技能和教学质量之道，不求短时间内面面俱到，但求一步一个脚印，集中精力各个击破。行动上除了继续多向有经验的老师请教、学习优秀案例，还要注重开拓视野，学习各种教育教学理论，浏览教学网页，多阅读、多思考，将所见所学反馈到实践中，在试验中反思、成长，不断为自己充电，每天安排一定的时间扎实提高基本功，努力使自己拥有能随时供给学生一杯水的一桶水。

2. 静心思考班级管理方式

王晓春老师的著作中屡次提及要做一个研究型的老师，他曾说遇到问题先要研究"为什么"而不是"怎么办"。去年面对问题不断的班主任工作，我却更多的是"头痛医头脚痛医脚"，结果往往就是补了东墙西墙倒。这样既累了自己，工作又没有明显的成效。尽管一名班主任天天早来晚走，事无巨细样样亲自抓，班级管理的效益却不一定高。班级管理要科学化，育人工作要高效化，这是每个有事业心的班主任所追求的目标。为此需要从开学就对班级管理工作做好部署，遇到问题时不要急于解决，而要静下心来思考个中缘由，尽量从源头解决问题。当然，很多问题是很难一次解决的，尤其是问题生往往会有往复现象，这个过程中也许需要教师不断去寻找不同的方法来解决这些问题，这都需要在一个冷静思考的前提下进行。

3. 静心等待秋收之果

高效的时代也催生了很多速效产品和快餐文化，在这股洪流中，是希望自己所撒播的种子如打了激素一样快速且加倍成长，还是希望等上一个季度，让其自然瓜熟蒂落？我选择后者，因为任谁都不希望带给周遭的人和社会的是看似鲜嫩，实则带着"毒瘤"的果实。所以，无论是在培养学生还是在自我提升方面，都需要有一颗甘于等待之心：能够静心去思考要培养怎样的学生；能够静心去等待学生一步步迈向目标；能够坦然面对自己的不足，耐心等待一个个改进……

三、拭去功利之心

教师，是一个甘于平凡的职业。三尺讲台，承载了多少教师默默无闻的心血。诚如李吉林老师所言，几十年如一日守住这三尺讲台，"贵在一个'爱'字"：爱教育事业，爱自己的学生，爱文学。一个满怀功利之心的教师，如何能守得住这几十年如一日的平平凡凡？如何能几十年如一日地爱着这些来来去去的孩子们？

拭去心上的这三星灰尘，结合个人专业发展目标，我制订了两年的专业成长规划（见下表）：

两年的专业成长规划表

年数	师德目标	班主任工作的目标	教学目标	大目标
2019—2020 学年	（1）追求教师的职业幸福感，对教师职业有深切的认同感，追求道德智慧的完满与自足。做一个幸福型的教师，继续在教师道路上探索知识、智慧。	（1）针对学生不同的问题，能够冷静迅速地做出判断，尽量找到最佳的解决方法，做到有的放矢。	（1）加强自身的学科知识和学科研究的学习与积累。	（1）成为学生心目中的好老师。

续　表

年数	师德目标	班主任工作的目标	教学目标	大目标
2019—2020学年	（2）培养学生的幸福感，让学生在无涯学海中"乐作舟"，让学生跟自己赛跑，获得自己的喜悦	（2）加强对学生的感恩教育、个人行为的道德教育，引导他们做知礼节，爱父母的学生，从而形成良好的性格	（2）向老教师学习，针对不同的课文内容，形成个人的教学风格。（3）记录个人的教学反思，不断钻研、改进。（4）扎实教师基本功。（5）寻找适合学生的阅读方式和写作指导，提高学生的阅读与写作能力	（2）成为区级优秀班主任。（3）成为好学、严谨、兢兢业业的、有个人特色的语文教师
2020—2021学年	（1）始终把教师职业作为自己的终生职业，淡泊名利，严谨笃学，乐于奉献。（2）找到自己的不足，进行自我的教育	（1）练就一口好的教师语言，从心里打动学生。（2）培养学生的良好习惯和锻炼学生的组织能力	（1）把教师的基本功落实到位。（2）加强教育教学科研的学习。（3）学会教学设计，上好每一节课，积极与老教师一起交流讨论。（4）形成独特的阅读教学、写作教学的方式	（1）成为受欢迎的教师和同事。（2）成为市级优秀班主任。（3）在教育教学科研上找到自己感兴趣的课题

　　王国维在《人间词话》中说："古今之成大事业、大学问者，必经过三种之境界：'昨夜西风凋碧树。独上高楼，望尽天涯路。'此第一境也。'衣带渐宽终不悔，为伊消得人憔悴。'此第二境也。'众里寻他千百度，蓦然回

首，那人却在灯火阑珊处。'此第三境也。"如今，在浩瀚教海中，我点燃心中的追求，时时勤拂拭，拂去心中懈怠、浮躁、功利的灰尘，以李吉林老师这些老前辈为榜样，扎实自己的教学基本功，平心静心，慢慢磨砺自己。

知之多艰，行之为艰，心有朝阳，终流大海！

回到儿童，理解儿童，促进儿童

中山大学深圳附属学校　罗丹梅

第八期"家庭教育大讲坛"，家庭教育研究专家张文质老师围绕"回到儿童，理解儿童，促进儿童"这个主题，与家长、老师们进行了精彩的分享，为教育儿童提供了非常多的建议和想法，以下是本人的一点儿思考与收获。

一、回到儿童，更新理念

对于每个孩子、每个家庭而言，家长们都希望能够给予孩子最好的教育，每位家长都有各自认为正确教育理念，如"不要让孩子输在起跑线上""三岁看大，七岁看老"等，但这些广为人知的教育理念是值得大家去思考的：孩子的起跑线其实应该是家长。父母不应该把全部责任都压在孩子的身上，而是应该尽到父母应尽的责任；看待孩子不能以偏概全，而是关注孩子的成长，给予孩子充足的、一生的爱。随着时代的发展，我们应当正确地去理解这些教育理念，赋予它们新的时代意义。

二、理解儿童，关注生命

无论是孩子还是家长，都应该对"生命"保持敬畏感，张文质老师指出："生命第一"是所有教育的核心，我们都应当将"生命"放在我们的第一位。在社会新闻中，我们经常能够看到类似"学生自杀"这样令人心痛的字眼，因此在教育中，最重要的是要让家长明白，孩子身心健康才是父母最大的成就，同时要让孩子明白，健康、快乐、有意义地活着才是最重要的。

三、促进儿童坚持阅读与运动

张文质老师指出，孩子一生中不可或缺的三门课程是：运动、阅读与睡眠。阅读与运动其实是每个成年人都应该每日坚持的两件事，同时对许多成年人来说，这也是最难坚持的两件事，由此可见，在孩童时期培养孩子的阅读与运动习惯是非常重要的，而暑假就是培养这些习惯最好的时候。

运动不仅能够强身健体，更重要的是能够培养孩子战胜一切困难的勇气和毅力；阅读不仅仅是知识摄取的过程，也是心灵洗礼与滋润的过程；睡眠是决定生命质量的重要因素之一，也是人体自我的保护和恢复。

教育是相对的，教育的双方是互相影响的，在教育孩子的过程当中，家长也应该与孩子共同学习与成长。所有的教育者都应该先回到儿童，理解儿童，才能够进一步地促进儿童。让我们和孩子们一起坚持学习，共同成长！

养育孩子：父母的自我修炼

深圳市光明区李松蒨学校　　陈家琪

　　深圳市家庭教育大讲坛是深圳市教育局倾情打造的民生项目，为广大学生与家长服务。在林小燕老师的推荐下，我参加了第八期学习，主讲嘉宾是张文质老师。张老师的讲座素来十分接地气，总是能把老师、家长们的心声说出来，又能一针见血地指出教育中存在的不足。在经济、社会高速发展的今天，家长们、老师们常常把城市生活的焦虑投射给孩子，幼小的孩子上各种早教班，大一点儿的孩子则去各种补习班、兴趣班，而今天张文质老师的讲座是一剂清凉药，他告诉我们培养一个人不能只争眼前的分数，而是要放眼到更加长远的人生历程，他的讲座让我感受到养育孩子的过程更是父母的自我修炼。本文中我想从两个角度谈谈我的感触。

一、戒骄戒躁，"慢慢地快"

　　"不要让孩子输在起跑线上"，这样一句由商人们创造出来的响亮的口号，这么多年来，一直饱受诟病，教育名家们批评它，说它违背了人的天性，说它急功近利；但是反观我们身边的孩子们，哪个又不受累于这句话呢？哪个家长不担心自己的孩子跟不上别人呢？

　　别说家长，就连教师自己当了父母之后也相当焦虑。我的一个同事，孩子还没有出生，就去早教班为腹中胎儿报了一套早教课程，出生以后就可以开始上课。一开始我觉得荒诞无稽，宝宝还在肚子里，还未与这个世界谋面，外面就已经有一堆学习任务在等着他（她）了，这实在令人唏嘘，也印证了现在的父母内心之焦虑。

而张老师告诉我们，教育需要父母的自我修炼，家长要戒除焦虑的心态，面对浮躁的外部环境，自己冷静下来，明白一个道理——真正的成长是"慢慢地快"。"慢慢"意味着要有静待花开的耐心，意味着面对孩子暂时的落后、失利，家长要有积极态度。只有在"慢慢"的境界中，孩子才能有后续的"快"，展现出出人意料的成长，生命的拔节。

在张文质老师提出的"慢慢地快"中，重点在于"慢"，这让我想起一个人练字的过程：写一手好字是很多人梦寐以求的，但练字需要持之以恒的积累，每一次练字都要静下心来，除去自己的功利心，而陶醉在一笔一画的艺术之美中，只有这样，才能写得一手好字。我想，教育之"慢"，也是如此吧。

二、热爱生命，用爱奠基

每次阅读新闻，最怕看到关于孩子的噩耗，暑期溺水、高楼坠落，甚至是自杀轻生，这样的新闻令人痛惜，却时常发生。生命是一，其他是零。没有一，那么所有的零都没有意义了。对孩子的生命教育很重要，重要到我们需要把它贯穿到每一天当中，融入孩子的血液中。

心理学大师阿德勒说："幸运的人，一生都在被童年治愈；不幸的人，一生都在治愈童年。"父母的爱能让我们更加坚强、勇敢地面对生活，从小成长在母亲爱的怀抱中的孩子，更加有安全感和自信心。张老师说，得到充足的爱的人，有更强大的承受能力，人们性格方面的缺陷，常常是源于童年缺爱。热爱生命，是父母赋予孩子的能力，父母的爱能让孩子更加强大。

为人父母，从来不需要考得什么资格证，为人父母是大自然赋予生物的能力，而身处现代文明城市的我们如此彷徨、焦虑，让孩子们也受苦受累，殊不知，养育一个孩子，其实更是父母自己的修炼。

找到打开儿童成长之门的钥匙

——听讲座《回到儿童　理解儿童　促进儿童》有感

中山大学深圳附属学校　梁慧凌

认真聆听了张文质老师的讲座，他的许多观点让我受益匪浅。在谈到家庭的信念对孩子的影响时，张老师举了曾国藩的例子。从这个例子中，我真切地感受到：提升家庭文化之路，是漫长而艰巨的，要经过一代又一代的人踏踏实实、勤勤恳恳的努力才可能成功。这说明人的教育、成才是一个漫长且艰辛的过程。家庭教育在其中的作用尤为重要。只有父母不断学习、不断反思，悦纳孩子的不足，才可能让孩子在成长的路上取得更大的成功。

如何找到打开孩子成长之门的钥匙？张老师给家长们支了几招。在以下这几个方面做得好，孩子往往更容易成才。

一、充足的户外运动，让孩子拥有一个健康的好身体

逐年攀升的近视率让家长们头疼不已，而研究表明：足量的户外运动能大大降低儿童的近视率。一个健康的身体是取得成功的前提，同时户外运动是培养亲子关系的良好契机。在家庭教育中，我们要意识到运动的重要性，每天抽出最少两个小时的时间带着孩子一起锻炼，让孩子得到充分的释放。

二、阅读能滋养人的灵魂，让孩子拥有一个更充盈的精神世界

阅读的重要性不言而喻，家庭中良好的读书氛围，利于孩子良好阅读习惯的养成。一旦孩子养成了热爱读书的习惯，那将是孩子一生的精神财富。以我自身为例，刚毕业的这一群孩子是我一年级开始接手的。从一年级开始，我就

重视孩子们的阅读习惯的培养。六年来，他们从绘本读到故事书，再到自然科学读本、美学、中外名著等，把阅读的种子深深埋进了幼小的心灵，这让孩子们拥有了一片自由、灿烂的精神世界。我跟这群热爱阅读的孩子聊天，我感受到了读书带给他们眼界的开阔，读书带给他们言行举止的变化。阅读习惯使他们无论在怎样的环境下，都能迅速沉浸到书的世界里。在家庭中，孩子的阅读习惯在于家长的培养，在于长期的坚持。给孩子创造良好的阅读氛围，将是孩子养成良好阅读习惯的起点。因此，建议家长在家一定要多读书，读好书。家长是孩子的"镜子"，家长的言传身教，是孩子阅读习惯得到巩固的根本。

三、良好的睡眠，让孩子拥有更高的生命质量

睡眠很容易被家长忽视，但非常重要。长期睡眠不好的孩子，容易专注力差，易怒暴躁，思考能力下降。六年级的孩子让我对睡眠问题进行重新审视。班级里有几名同学在疫情后返校都出现了不同程度的注意力不集中、情绪起伏的情况，甚至出现了轻度抑郁。在与这些同学聊天时，我发现他们都有一个共同的问题——睡眠不足，甚至无法入睡。长此以往，他们精神越来越差，情绪越来越控制不住，课堂上犯困。通过这些事例，我深刻了解到了睡眠对孩子的深远影响。在家里，请家长让孩子拥有足够的睡眠时间。睡觉时，让孩子远离电子产品，安静、有规律地入睡。要让睡眠不再成为孩子健康发展路上的绊脚石。

作为打开孩子成长之门的钥匙，良好的运动习惯、阅读习惯、睡眠习惯缺一不可。家庭教育中，好习惯是基石，父母以身作则是孩子成长的原动力，唯有父母不断学习，不断反思，才能引领孩子走向更广阔的未来。

遇见　成长

深圳市光明区公明第二小学　叶文婷

时光无言匆匆逝，又是橙黄橘绿时。加入林小燕名班主任工作室已三年，此时，已到了硕果累累的丰收之时。感谢主持人小燕姐，在我产生职业倦怠感之时，举起强而有力的臂膀，为我指引方向。多种形式的研讨活动、贵州送课送教活动、共读一本书活动、心得交流活动等，为我们每一名工作室成员搭起成长的舞台。感谢小燕姐，用真挚的情感接纳来自不同学校的我们，用博大的心胸包容我们，用无私的双手帮助我们，用深邃的智慧指引我们。是你在我们遇到挑战与困难时，给予帮助和关怀；又是你在我们取得成绩时，献上欢呼和掌声。因为你的温暖陪伴，才有我们的茁壮成长。三年转瞬即逝，回首这段时间，我收获满满，也发现了自身的不足。现将这三年本人的成长总结如下。

一、与良师益友同行

托马斯·克罗宁曾经说过，成功的教师充满活力和激情。他们喜爱教书，就像作家喜欢写作，歌唱家喜欢唱歌一样。他们对学科充满了动力和热情，有自觉的特性，带着无限的兴趣做他们想做的事情。然而，教学是一项复杂的、具有挑战性的工作。从教第九年，职业倦怠感、紧张、沮丧和痛苦逐渐将我吞没，我对语文教学与班主任工作开始缺乏足够的热情，来自现实课堂里的挑战与繁杂琐碎的班主任工作，给我的教学生涯提出了巨大的挑战。加入林小燕名班主任工作室，是我为了克服职业倦怠做出的一大改变。这是一个高效的学习型的团队，寻求教育最优化，有效利用学校时间和有用的教学资源。我们可以从主持人和工作室成员的成功与失误中学到许多本领，用以解决我们所面对的诸如组织和管理课堂、建立与家长的合作关系、保持课堂控制等班主任工作中的问题。我们提高了作为班主任的胜任力，丰富了应对日常教学压力等主要问题的策略和建议，能够游刃有余地面对纷繁复杂的教学情境和教育问题。与良师益友同行，能让我迅速斩断职业倦怠的束缚，积极地走向阳光地带。

二、增强自身理论学习

任何一种教育都不是万能的，班上的学生千差万别，身体发育情况、能力、学习动机、脾气秉性、家庭背景、兴趣爱好等各个方面都不相同，这需要我们不断丰富自身的专业知识，以理论支撑教育教学工作，在沐浴着知识的芬芳的同时，不忘在理论中徜徉。为了能尽快地成长，我勤奋学习理论知识，不断进步。在工作室主持人小燕姐的带领下，我们阅读了许多书籍杂志，如《给教师的建议》《非暴力沟通》《家校合作指导手册》等，学习了最新的教育教学理念，提高自身综合素质，不断充实自我，并将学到的理论与教学实践相结合，这些对我进阶到优秀乃至卓越，甚至对我们的教学和管理工作都有很大的益处。

三、实践促反思成长

多种形式的研讨活动让我们羽翼丰满。工作室主持人提出问题，帮助我们思考，并且保证了每个成员都有参与的机会；鼓励我们逐步完成自己的目标，组织我们针对某个主题进行讨论，鼓励我们想出解决问题的不同方法；充分发挥我们的优势，使我们在工作室的舞台上取得成功。送课送教活动促使我们工作室成员对教学进行更为深入的思考与探究，从而加快我们的专业成长。在工作室的三年学习中，我也意识到自己工作中的欠缺，从而找到了自己努力的方向，不断学习，不断提高。

一次次育人思想的碰撞，一回回带班经验的分享，让我们工作室成员在切磋交流中共同成长，在探讨借鉴中共同进步。这些活动犹如一抹阳光，让温暖充满每一位工作室成员的心灵空间；犹如一缕春风，让真情开遍每一座教育花园。

回首俯瞰，抬头仰望。一次次研讨活动，碰撞出教学智慧的火花；一个个主题讨论，道出教师生涯理想愿景；一篇篇教学心得与论文，记录成长的感悟体会。感恩这美好的相聚，让我们抓住机遇，迎接挑战，遇见更好的自己！

与智者同行，与学生共长

深圳市光明区公明中学　石敏婷

2020年8月23日早晨，在深圳市光明区教育科学研究院的组织下，在光明高级中学的白石厅，我非常有幸地倾听了李镇西老师的讲座《新教育实验与人的幸福成长》。正处于职业倦怠期的我，收获颇丰！

一、对于"新"的新感悟

我因为连续多年教初三，工作比较繁忙，所以平时自己的理论学习确实有所欠缺。我一直以为，新的理念都是教育专家研究的理论课题，高大上，对于毕业班的应试升学用处不大。但是，李老师的开场白就让我震惊了。

他通过"南京一中"高考后家长的聚众事件让我明白："应试教育，无论有多少弊端，都是目前相对最公平的教育。如果连应试教育都取消了，贫寒子弟将失去上升的唯一途径，农家孩子无法拼爹，只能靠拼分来改变命运。"

对于"新教育实验"，他也提出："当一些理念被人遗忘，又被提起的时候，它就是新的；当一些理念由模糊走向清晰，由贫瘠走向丰富的时候，它就是新的；当一些理念由旧时的背景运用到现在的背景去继承、去发扬、去创新的时候，它就是新的。"就教育理念而言，新教育之"新"，并不是前所未有的"横空出世"，而是归真返璞和与时俱进，也就是说，今天所进行的"新教育实验"，是让教育回到起点，将过去无数教育家所憧憬的教育理想变为现实。

在理解了这些观点之后，我才明白："新教育实验"，不光对毕业班的教学有很大的指导作用，它也是非常"接地气"的教育实践活动。

二、对于"教"的新探索

从教二十年来，尤其是连续任教毕业班之后，这两年我出现了职业倦怠的情况，课本已经教不出新意了。但是，敖双英老师的事例深深地触动了我。她在那么艰苦的条件下，克服重重困难，在教室安装网络，尝试开发新课程，让孩子们的课堂插上了飞翔的翅膀。就像她所说的："通过新教育，孩子们享受了不一样的学校生活，我也享受着自己不断成长的喜悦。"而我，在深圳，这么优越的环境中，又岂能昏昏度日？

幸运的是，李镇西老师不仅让我们知道了"新教育实验"，更向我们详细介绍了如何操作——新教育的十大行动：营造书香校园；师生共写随笔，聆听窗外声音，培养卓越口才，构建理想课堂，建设数码社区，推进每月一事，缔造完美教室，研发卓越课程，家校合作共建。

学校新教育实验如何起步？不是从零开始，而是通过整合与规范培训种子教师，缔造完美教室。以开展新教育生活为底色，以构筑理想课堂为主阵地，以研发卓越课程为生命，以缔造完美教室为抓手。在理解了这些实施措施之后，我也制定了自己课堂改革的新思路。

（1）营造书香班级，引入"新"阅读，整合课本模块，提高课本学习的速度和效率。课堂引进英语报纸、杂志、故事、演讲等其他更多的学习方式，"破旧立新"，让英语课堂散发出新的活力。

（2）调整教学顺序，强化"弱"口语。以前的课堂，就是老师按照课本顺序，讲单词，讲课文，讲笔记，让学生写作文，对此，学生已经厌倦了。调整之后，我先从口语开始，读单词，读课文，说笔记，说作文，在强化口语的同时，降低了学习难度，增强了学生的兴趣和信心。

三、对于"育"的新理解

相信毕业班的老师、家长和学生最在意的事情，就是孩子的分数，能考取哪所学校。为此，老师和家长操碎了心，但是，学生有自己的想法。在听完李镇西老师的这个讲座之后，我深刻地明白了，"并不是你所有的学生都会成为工程师、医生、科学家或艺术家，可是所有的人都要成为父亲和母亲、丈夫和妻子。假如学校按照重要程度提出一项教育任务的话，那么放在首位的是培养人，培养丈夫、妻子、母亲、父亲，而放在第二位的才是培养未来的工程师或医生"。其实，家长和学生的沟通更重要，他们的共同理想才是孩子有效的理想。

我很喜欢朱永新老师说的这段话："新教育的彼岸是什么模样？我想彼岸是一群又一群长大的孩子，从他们身上能清晰地看到政治是有理想的，财富是有汗水的，科学是有人性的，享乐是有道德的。"确实，在理解了以上三点之后，我觉得自己的教学生涯又焕发了新活力，自己的幸福教学又重新扬帆起航。

聚力成长，核心引领

中山大学深圳附属学校　梁慧凌

三年时间，似白驹过隙，成长如约而至。三年的蜕变离不开主持人的引领、伙伴们的通力合作和自己一次又一次的摸索前行。细数成长点滴，回首都是感动。

一、夯实基础，明确方向

刚加入工作室时，我对于要学习什么，怎么去学，都是懵懵懂懂的。主持人便牵引着我们一步一步往前走。比如我们急需提升写作能力，她便让大家从最简单的读后感开始写起。制订好读书计划后，共读一本书。读完一章节，就写一章节的读书感受。节奏缓慢，却让大家打下了扎实的写作基础。

"好文章都是改出来的"，一篇文章从第一稿到第九稿，林老师一篇篇修改，不断鼓励，使我经历了从模仿到自主创作的蜕变。在她的不懈引领下，我有了蜕变的动力和自觉成长的决心。

第一年，我们用实际行动践行了"做中奠基、听中判断、说中锻炼、读中学习、写中提升"。经过主持人的引导，结合自己的研究经验，我明确了自己的班主任工作研究主项——亲子阅读。在这三年里，我不断以亲子阅读为抓手，推动班级建设，家校合作，取得了良好的效果。

跟随着工作室的步伐，我渐渐在班主任领域有了些许进步和成长，同时，养成了及时对工作进行梳理和记录的好习惯。

二、锤炼本领，实现突破

当梳理成为习惯，学习促使我不断成长。加入工作室的第二年，我们有了更多走出去的机会。

无论是送教，还是参加比赛，我都全力以赴。记得第一次到诚铭学校参加微讲座时，我的手心不断冒汗。虽然讲的内容都是自己平时做的事，但站到台上面对着几十名有经验的老师时，我不免心里有压力。随着话匣子打开，我越讲越清晰，越讲越精彩，终于完成了第一次单独的演讲。

我把每一次难得的机会转变为学习的契机，在活动中成长。每一次比赛或者演讲之后，主持人都会对我们的表现进行盘点，谈话内容包括但不限于哪些表现可圈可点，哪些方面仍需改善，哪个地方还有新的思路。

在不断地输入和输出间，我有了新的收获：不仅在"写"上突飞猛进，在"说"上也取得了实际的进展。这一年我发表了四篇文章，还完成了一次独立讲座，"做、听、说、读、写"全方位进步，成长提速。

三、挑战自我，稳步发展

今年是加入工作室的第三年，我已从一名懵懂的参与者逐渐转变为一名清晰的引领者。得益于主持人的栽培和工作室的扶持，我参与了区里的名师评选，并成功组建了自己的微团队。从参与者到引领者，有心境的徘徊和忐忑，但更多的是目标的清晰和方向的明确。这一切，都源于三年来扎实的学习。

从参与者到引领者的转变，是自己对自己的挑战，更是主持人对我的期盼。在一次次的学习与探索中，我拥有了较为全面的理论知识和丰富的实践经验。在组建团队时，我尝试厘清研究架构，明确研究目标。像主持人林老师带我们一样，我与学员制订学习计划，推动各项活动稳步进行，与学员共成长。

正如主持人在开班时说的"你走过的路，每一步都算数"，工作室的三年，是成长的三年，是收获的三年，也是不断挑战的三年。

感恩主持人的无私奉献和大力栽培，感恩工作室的伙伴协同合作，感恩自己的坚持和勤勉。当我们目标明确、步伐坚定时，我相信未来一定属于我们。

不忘初心，追光前行

中山大学深圳附属学校 罗丹梅

时光飞逝，日月如梭，2019年5月，我有幸加入了林小燕名班主任工作室，回顾这三年多的学习，我深深感受到了小燕老师和工作室的伙伴们给我带来的专业指导与温暖支持。在进入工作室学习的三年多时间里，让我感受最深、收获最多的就是三件事情：阅读、写作以及专题研究。我们通过阅读为写作积累素材与理论知识，通过写作来加深对专题研究的理解，而聚焦专题研究，为我们的阅读和写作提供一定的方向指引。在这三年多的时间里，我们一起学习，共同成长，从小燕老师和伙伴们身上，我学习到了许多，也成长了许多，现就这三年多的工作室学习总结如下。

一、团队引领共同成长

作为工作室中普通的一员，我时常为我能够成为工作室的一员而感到幸福，我们是一个团结合作、乐于学习、积极温暖的团队，虽然我们都来自不同的学校，但每一次工作室的相聚学习，都让我感到充实而快乐。工作室的伙伴们都非常优秀，他们勤于实践的精神，吸引我努力向他们靠近。每一次线上研讨，每一次活动讨论，每一次经验分享，都让我在专业发展的道路上收获满满，在其中，小燕老师像小太阳一般，为我们照亮前进的方向。小燕老师有时候是我们的导师，有时候又是我们的姐姐，更多的时候，是我们的大家长，她循循善诱地教诲，无时无刻不引领着工作室团队的成员们，毫无保留地给予我们最大的帮助，让我们时时都能产生一种莫名的感动。

在这样一个温馨、团结、优秀的团队中，每一个伙伴都是我们的学习对象，在每一次活动、每一次探讨中，我们分享学习成果，享受团队乐趣，共同成长。

二、专业阅读开阔视野

歌德说过："读一本好书，就是和许多高尚的人谈话。"加入工作室之初，小燕老师首先跟我们说的，便是阅读的重要性。要想写得好，首先要读得好，小燕老师通过自身经验的分享，让我们了解到坚持阅读是一件难能可贵的事情，从李家成老师的《家校合作指导手册》，再到李镇西老师的《爱心与教育》等，我与无数教育大家"谈话"，他们的思想与经历，就像一盏盏明灯，指引着我们前进的方向。阅读，不仅能够充盈我们的思想，还可以提高我们的写作敏感性，帮助提升我们的文章质量，同时可以使我们获取更多专业、系统的理论知识，并将这些内容有效运用到我们的文章当中。

在工作室成立之初，小燕老师便带领着我们一起讨论研究，确定了我们的研究主题——家校社共育。围绕着我们的研究主题，我们确定了第一本共读书——李家成老师的《家校合作指导手册》。在小燕老师的指导下，我们的共读是从导言开始的，对整本书的阅读，加深了我们对全书脉络的通盘把握与整体思考。在阅读过程中，我们随手批注，看到能够引起共鸣的地方，及时在旁边写上自己的经验与思考；做读书笔记，这样既可以加深自己的印象，又能够及时记录自己的所思所想。

从导言开始，每读一个章节，我们便会写一篇读后感，读而思，思而作。写读后感的过程，其实就是将阅读到的东西内化为我们自身的思考的过程。在共读的过程中，小燕老师也跟我们一起写，写完之后我们发到工作室的群里，小燕老师总会不辞辛苦地一篇一篇帮大家修改，并及时进行指导。大家一起互相阅读，互相学习，每个老师的聚焦点都不一样，在阅读其他老师的读后感时，我们又能够碰撞出不一样的思考，这其实是一个层层递进的过程。

三、多样写作促进发展

在我的记忆中，小燕老师对我们说得最多的一句话就是："一定要多写！"但其实对于很多老师来说，写作不是一件容易的事情，有时候甚至不是一件快乐的事情。我一开始也有这样的感受，对写作比较抗拒，很多时候都是有任务布置下来了，才会动笔写一写，但是在小燕老师的指导下，我慢慢开始发现写作没有那么困难了。我们交给小燕老师的每一篇文章，从读后感到教育叙事，再到论文，小燕老师都会仔细地帮我们修改，大到文章结构，小到标点符号，小燕老师都会帮我们仔细分析，并提出宝贵的建议。

　　三年多的时间里，在小燕老师的指导下，我发表了多篇文章，论文多次在区里获奖。这得益于小燕老师为我们创设的平台，我也总是督促我自己多写、多思、多做。从学术论文、班级管理，到教育故事、阅读感悟、案例评析，甚至于日常的教学生活记录等，我们学习不同体裁文章的特点，在平时的班级管理以及日常教学中，及时收集、梳理和记录相关素材，收集来自我们班级日常生活的点点滴滴；积极主动地阅读，做好读书笔记，在写作之前查找理论与实践两个维度的文献，给自己的文章提供理论支撑，反复修改，不断完善。小燕老师这样说过："好文章是改出来的。"写好的文章可多给一些有经验的教师看看，让他们来帮忙提建议，自己也要反复地看，多修改，我一直谨记：一篇好文章是改出来的。

　　斯人若彩虹，遇见方知有。何其荣幸能够成为工作室的一员，我不仅收获了成长与进步，还收获了温暖与感动，感恩遇见！我深知自身还有许多的不足，在今后的时间里，我将继续前进，努力学习，弥补自身的不足，不忘初心，追光前行！

成长 前行

深圳市光明区光明小学 陈婷婷

有幸加入深圳市林小燕名班主任工作室，遇见良师益友，我收获良多。问渠那得清如许，为有源头活水来！只有不断学习，才能让自己不断地前行。

唐代诗人孟郊曾有言："人学始知道，不学非自然。"任何时候，学习都是有必要的。辛勤工作的我们，更需要发奋勤学。学无止境，我们不改初心；学无止境，我们上下求索；学无止境，我们砥砺前行。深圳市林小燕名班主任工作室，为我的专业成长提供了很好的实践机会，并为我搭建了展示自我、体现自身价值的舞台。通过学习我深深体会到"学然后知不足"。

一、做有智慧的班主任

"钟杰和林小燕名班主任工作室联盟研修活动"真是让我受益匪浅。林小燕老师根据自己的成长之路给予我们一线教师最明确的指导："在做中奠基、听中判断、说中锻炼、读中学习、学中提升、思中成长、研中积淀。"钟杰老师爽朗的笑声让我们倍感亲切，她以日常工作中的实践教会我们如何科学管理时间。通过两位教师的分享，我深深感受到做一个有智慧的班主任永远比做一个勤劳的班主任更重要，更有意义！

二、一分耕耘，一分收获

这三年来，我与工作室的伙伴们积极参加工作室开展的各项学习活动，在活动中，我们互相激励，为彼此的成长喝彩。每月的读后感，每次的教育叙事，让我们在反思中前行。林小燕老师也积极帮我们搭建平台，我有幸能在深学APP中发表两篇文章，就是自己的一个突破。

　　工作室不仅为我们提供了提高自身素质的空间，也成为我们互相学习、互相促进的大家庭。在这个大家庭里，我们找到了自己前进的方向；在这个大家庭里，我们体会到了互助共进的热情；在这个大家庭里，我们更领略了名师的风采。在今后的教育教学工作中，我将更加严格要求自己，努力工作，发扬优点，弥补不足，开拓进取。感恩和工作室成员共成长。

第二章

有效沟通

"说"——代表着沟通。

与家长沟通，营造更加全面的教育环境，汇集更加强大的教育力量；与学生沟通，走进孩子的内心，敲开心灵的窗户；与教师沟通，分享经验，互助成长。在每一次沟通中，我们都在经历着"说"的蜕变，体验着"说"的魅力。

手指理论

深圳市光明区东周小学 缪志娣

　　我一直都很信奉"手指理论"，这是我这么多年感悟出来的。每当学生遇到问题来寻求我的帮助时，我都会跟他说，如果你只想到一个方法，你就会别无选择；如果你想到了两个方法，你会左右为难；如果你有三个以上的方法，你才是真正的有方法。于是，我就会让他伸出他的手，张开五指。你看一个人一只手有五根手指，人的五指其实是很奇妙的，冥冥之中，它在告诉我们每个问题的解决方法可能都有五个以上。在这五个方法当中你可以试着去分辨哪一个方法是最好的，然后选择最好的那个方法去用。你再仔细想想，把手指合拢，它们可以指向同一个方向，也就是说可以把你想到的方法中最好的部分综合成一个方法，也就能够把事情处理得比较圆满。这"手指理论"对于引导学生面对问题时找到解决问题的方法很有效，可以培养他们理性思维、逻辑思维，让他们三思而后行。这对于老师而言，又何尝不适用呢？甚至在处理学生的事情上，效用更为显著。

　　一天，英语老师刚上完课就疾步走向我的办公桌，边走边说："缪老师，你们班有个'爱哭大王'，在课上真是动不动就哭闹，一个星期五天，起码有四天半都是在闹脾气。他这么幼稚，还五年级呢，是不是幼儿园都没有读完呢？"看着英语老师一副无奈又厌烦的表情，我心里一阵难受。这种类似的反馈，我几乎每天都要听到两三次以上，我也一直在引导这个学生，可效果还是不怎么理想。我心里也一直在思考，如何做他的思想工作，如何引导才会真正有效。

　　这天下午放学时，看到他还在班里，我慢慢走过去握着他的手，从班里走到办公室，到了办公室之后给他找了一把椅子让他坐在我的身边。坐定之后，我问他："绍权，刚才老师牵着你的手的时候，你心里什么感觉？"

他错愕了一下。我又重新牵了一下他的手，让他再次感受和清晰刚才的感觉。

我问他："现在知道是什么感觉了吗？"

"很温暖。"他微笑着，还有点害羞。

我接着问他："刚才，我要牵你的手的时候，你怎么在躲呢？"

他不好意思地说："我害羞。"

于是，我解释道："刚才缪老师老师牵着你的手，就像是一个妈妈牵着自己孩子的手一样，想要让孩子放心，知道妈妈就在你身边。老师牵着你的手有两重含义，第一是老师真的把你当作自己的孩子一样关心；第二是老师想要让你知道，不管什么时候老师都跟你在一起，都会理解你，帮助你的，你放心。"

他很开心，也渐渐放松了。

"绍权，老师问你，你觉得自己是一个什么样的人？"我开始打开话题。

"我什么都好，就是脾气不好。我妈妈也是这么说。"他如实道。

"说你'小气'，是你妈妈说的还是老师说的？是同学们认为还是你自己认为呢？"我想要将清问题究竟出现在哪里。

"他们都这么说，我也觉得。"

"绍权，你相信缪老师吗？"

"我相信。"

"那你真的认为自己是'小气鬼'吗？"

"他们都是这么说我的，他们老是来惹我，我就忍不住想要发脾气，想要哭了。"

"绍权，你看，缪老师在班里，会不会经常发脾气？"

"很少发啊。"

"你知道吗？缪老师也是很多时候都很想发脾气，当看到小腾睡觉不听讲时，我想发脾气；当看到小梁扰乱课堂，还吃零食时，我也想发脾气；当看到小王跟人打架时，我更想发脾气；当看到小沈吊儿郎当，扰乱午休纪律时，我真的想发脾气，那么多时候缪老师都想发脾气，但是缪老师发脾气了吗？"

"没有。"

"你知道缪老师没有发脾气是怎么做到的吗？你看，要是缪老师发脾气了，班上其他同学会很无辜，因为大多数同学都没有犯错；班上很多孩子会觉得缪老师很凶，都会不喜欢缪老师；缪老师要是发脾气了，就想不到更好的方法来教育、纠正他们了。你也是一样的，如果一遇到一点小困难或是小挫折，你就在班上哭，在班上闹，其他同学或老师就会更觉得你小气，就会觉得你很烦，还会不想跟你做朋友。你刚才说的方法是哭，那哭是不是唯一的解决方法呢？"

他用疑惑的眼神看着我，"不是，缪老师教过我，每个问题的处理方法都是有五种以上。"

接着我让他伸出手掌，张开五指。"你现在就来想想，当你遇到别人都说你的时候，或是你忍不住哭的时候，有什么方法可以解决。"

于是他开始寻找方法，"睡觉。"

"睡觉能解决问题吗？"

"不能。可是我就是忍受不了呀。"

"睡觉和哭一样，是最无用的，只有无能的人，才会用睡觉或哭来逃避问题，但现在我权且当它是一种方法。还有吗？"

"忍。"

"忍着就能解决问题吗？有时候忍一时是风平浪静，但这也是治标不治本的。"

"可我还能怎么办，我就只有忍着呀。我妈妈也是这么说的。"

我看他也是暂时想不到其他方法了。于是我说，"你觉得忍可以，那你现在把手握紧，使劲攥紧拳头。"看他攥紧了拳头，攥了一会后，我让他松开，"你看看你的手怎样了？"

他低头看自己的手，攥得红红的，还有一些深深的指甲印。

"你看，攥紧拳头，就相当于忍着，是会伤害到自己的呢。现在你把攥紧的拳头松开。"我等了一下，问他，"你现在想到什么方法了吗？"

"放松。"

"是的，你一放松，你的手指又是张开的，你又有各种方法了。再想想，相信一定还有其他更好的方法的。"

"我可以找老师，跟老师说明白，让老师帮我。"

"是的，找老师帮忙解决是一个不错的方法，但也需要学会看准时机哦，如果是上课，那就等下课再跟老师说。"我及时肯定与鼓励他。

"我可以回家跟妈妈说。"

"我可以跟班干部说，让班干部帮忙处理。"

"我也可以自己跟那同学沟通。"

……

从刚开始的不知道如何处理自己的情绪，到后面每个问题都能想到至少五种解决的方法。你看，只要一打开思路，他就有很多方法可以去处理类似的问题。

这样的孩子，身上是特别没有能量的，特别容易遇到一点小问题或小挫折就泄气，接下来就是自暴自弃，破罐子破摔。其实，这样的孩子需要老师多一些关注与引导。所以，从"牵手"那一刻我就开始给他传递能量，让他清楚遇到问题或挫折的时候，有什么方法可以解决，心中有数了，自然不会失掉心中平衡，自身的抗压能力也自然地提上来了。

然而，对于这样的孩子，一次这样的辅导是远远不够的，他们需要的是长年累月的坚持不懈的引领，爱心与耐心则是前路的指引灯。

（本文曾于2020年6月发表在《班主任之友》第12期总575期上）

路上的秘密

深圳市光明区光明小学　曾旭红

今年，我们班转来了几个插班生，小楠是最晚一个来报到的。开学没几天后，值日监督员开始向我报告："老师，小楠今天又迟到了。"只是迟到而已，我略微安抚了一下值日监督员，便把小楠请到了办公室，连哄带吓了一番，看上去挺白净的一个小不点，稍微"恐吓"一下，应该就能搞定了，我自信满满。

可惜，事与愿违。隔三岔五，值日监督员便来报告小楠迟到的情况：总是气喘吁吁地跑进教室，却还是迟到。于是，我拨通了小楠妈妈的电话。

小楠的妈妈很惊讶，小楠每天7：20左右就从家里出发了，从家里到学校，最多不超过十分钟的路程，怎么会走了这么久呢？

我请家长了解下小楠屡屡迟到的原因。结果家长反馈说，小楠说他每天只是往返学校，并没有中途去其他地方。

我去过小楠家附近，5分钟左右就到了，就算他是三年级的小孩子，个矮腿短，也不必走个三四十分钟啊！他到底都去做什么了？我找小楠谈心，他还是一口咬定，他只是往返于学校、家里，并没有做其他什么事情。我语重心长地劝说，他每次都虚心接受，却坚决不改！我气结！

一天，我走出办公室时，刚好看到小楠背着书包走出教室。嗯，正面进攻无效，倒不如来个暗度陈仓。于是，我一路尾随着小楠回家，其他小朋友都有爸爸妈妈来接，只有小楠一个人避开汹涌而热闹的人流，静静地走向回家的路。

一路上，他踢踢石子，捡捡树叶，在这个角落停停，在那个拐弯处望望……我在一旁，辛苦地等着，也纳闷着，这里就一条小破巷子，有什么好看的呢？灰尘这么大，为什么要停在路边呢？路边的树只是长出了几片嫩叶子，他却仰头望了好久……

我的耐心都快等完了，花儿早等得谢了又开了，又谢了不知道多少遍了！

五点十分，小楠走出校门，等他停在一栋破旧的出租屋前，已经六点了。而这原本是不过6分钟的路程。

第二天，我找了个借口与小楠一路同行，并且告诉他我赶时间。到他家楼下时再把表给他看——十几分钟的路程。我把尾随他回家的事说了，并与他约定，把沿途的风景留到放学回家的时候再看，想分享的时候他可以来告诉我，这是我们俩的秘密。

几天后，我刚打开办公室的门，小楠便跑过来跟我说，昨天下午他看到路边的花儿开了！他的脸笑得像花一样灿烂，我也笑了。

龙应台在《孩子，你慢慢来》这本书中说：孩子的眼睛望着的是沿途的风景，而我们的眼睛却紧紧地盯着终点。也许快节奏的生活早已让我们忘记了停下来看看错过的风景，但是，我想跟你说：孩子，你慢慢走。即使不能一直陪着你看遍花开花落，我也愿意做你最好的聆听者。

（本文曾于2015年6月发表在《宝安日报》上）

老师！我们班发生了网暴事件！

中山大学深圳附属学校　罗丹梅

事情发生在一个周末，班里的一个同学突然在QQ上面给我发信息："老师！我们班发生了网暴事件！"然后给我发了许多的聊天截图，在学生私下建的聊天群里，有两拨人正在进行着争吵，满屏幕都是不堪入目的粗口，群里的其他同学，或袖手旁观着，或不分是非地加入了争吵，仔细看了看，我一眼就认出了骂人的是班里的一个女生小A，心里咯噔一声："又是她！"

其实类似的事件之前也发生过，小A和班里的另外一个女生之前也在网上争吵过，我第一时间把涉事的两个女生叫来了解情况，并给她们讲明道理，同时进行了调解处理，我本以为不会再发生这样的情况了，但如今的情况却让我非常生气，同时，我也不禁反思，之前的教育真的有效果吗？我的处理方式是对的吗？小A真的进行了反思吗？我作为班主任，真的了解小A吗？

小A在学校，本来遵守纪律，学习自觉，在老师们面前是一个非常安静乖巧的孩子，但在进入高年段后慢慢有了一些变化：沉迷于手机与网络游戏，虽然自己心中有许多的想法，却不愿主动与老师家长沟通交流。面对着以上种种的问题，我并没有第一时间联系小A进行质问，而是联系学校专业的心理老师进行了咨询，在专业心理老师的建议下，我便清楚知道我应该怎么做了。

一、个别沟通，倾听孩子的想法和感受

在处理学生冲突事件的时候，教师在处理前应多方面了解情况，而不应该根据单方面得到的信息以及自己主观的判断来处理事件，因为是周末的时候，我并没有直接联系几个当事人，而是私下联系了也在聊天群里的其他几个

同学。我从他们了解到，是两拨人互骂的一个情况，并不是单方面遭遇"网暴"，之前看到的聊天截图只呈现了单方面的情况。

到了周一，我首先分别叫来了双方的当事同学，希望能够首先从她们口中了解事件的经过，以及她们的想法与感受。

一方同学："我和小A只是开个玩笑，是他们先在群里骂我的，我很生气，所以我就骂回去了，小A只是在帮我。"

另一方同学："我不认为她们在开玩笑，我觉得她们不尊重我，所以我骂她们了。"

至于小A，可能也知道了老师正在处理这个事情，变得更加沉默，时刻都是闷闷不乐的，但考虑到先前的事件，我选择先让心理老师和孩子进行沟通，而心理老师给我的反馈却让我感到羞愧："小A全程40分钟的咨询都是边哭边讲的，因为先前的事件，小A认为老师在处理问题上会有刻板印象地认为就是她的错，而这个事情明明就是对方先挑起来，最后双方才起冲突的，她认为这次事件中并没有存在谁单方面欺负谁的情况。"

随后我进行了反思，在一开始看到那些聊天截图的时候，我确实先入为主地认为又是小A"屡教不改"，对此还非常生气，但孩子其实是能够很敏感地感知到老师心里的想法的，也会被我们对他们的定义所影响，从而进行自我定位。因此，无论是什么时候，无论是家长还是教师，我们都应该对孩子充满信心和希望，让孩子能够感受到我们心中对她们充满了正面的、积极的力量。

二、全面沟通与分析，引导学生主动思考

从多方面了解情况之后，我便召集了三个同学一起面对面地坐下来，针对本次的事件进行全面的沟通，让孩子们自己还原事件的前因后果，让每个孩子都有说话的机会，同时规定，一个人说话的时候其他人不可以说话，说完要逐个承认哪些事实，不是事实的也可以反驳。

在学生冲突事件当中，当事人之间的"对峙"其实是非常重要的，在"对峙"中，孩子们其实也是在沟通，这同时给老师提供了全面了解事件的机会，避免了老师先入为主的主观判断，也能够让学生知道，老师是不会偏袒任何一方的。

除了了解清楚事情的经过，教师还应该和孩子一起进行分析，让孩子了解

清楚遇到这样的问题的应对方式，引导学生主动思考，这样的应对方式长远来看可能导致的结果。整个冲突事件其实没有很复杂，但是事情却闹得很大，于是我向孩子们提问："是什么导致了这样的结果呢？"当事同学表示，自己不应该在遇到问题的时候以骂粗口这样的方式进行回应，这样的方式不仅没有办法解决问题，还会让事情变得更加糟糕。小A也表示，同学间在"开玩笑"的时候，没有顾及他人的感受，这才导致了冲突的发生，也不应该用互骂的方式来应对这个问题。

紧接着，我引导孩子们思考：再次遇到这样的事情，我们应该怎么处理呢？答案就是：沟通。语言暴力并不是沟通，那只是发泄，而且是错误的发泄方式，发生冲突，其实就是代表着沟通不够，每当这个时候，最好的做法就是沟通，说出自己心里真实的想法与感受，这样才能解决问题。

三、后续跟进，和学生一起建立契约

对任何学生冲突事件，教师都应该进行后期的跟进与引导，并不是这次的事件处理完了就不需要再关注了，所有的教育都应该融入日常，并引导孩子主动去感受与变化。在孩子们充分地对峙、沟通与思考后，我与孩子们共同建立了契约：再次遇到类似冲突的时候，不再用暴力的语言对他人进行网络攻击。

最后，我单独叫来了小A："老师首先要先跟你道歉，很抱歉在一开始的时候就先入为主地认为是你的错，老师向你保证，以后一定会了解清楚事情的经过以及你们的想法再处理问题，希望你能和老师一起努力，我们一起改变！"

最后的最后，不善言辞的小A虽然没有多说什么，却对我露出了许久不见的笑容。我也知道，小A其实已经向我打开了一扇窗。

伟大的教育家苏霍姆林斯基在《给教师的建议》一书中提到过："教师创造性的最重要特征之一，是他工作的对象——儿童，经常在变化，永远是新的，今天同昨天就不一样。"教师们应谨记，永远不要给任何一个孩子贴上任何负面的标签，特别是在处理学生冲突事件的时候，学生需要自主进行沟通与分析，同样教师也需要进行积极引导，这样才能够对孩子真正起到教育效果，才能真正"赢得"孩子的跟随与信任。

（本文曾于2021年3月9日发表在深圳报业集团"深学"APP名师专栏上）

信？不信？

深圳市光明区东周小学 缪志娣

那一天午读时分，王老师带着一个小女孩怒气冲冲地来到我们班教室门口，请我帮忙处理事情。王老师是一年级的班主任，当时我正在指导学生如何正确选择课外书。眼见于此，知道定是出了什么事，于是我赶紧走到门口询问。

王老师余怒未减，说："缪老师，你们班的梁同学把我们班这个女孩子给打了，请你处理！"

我一听，又是梁同学，他为何那么不让人省心呢？我顿时怒火中烧，真想把他劈头盖脸地臭骂一顿。可我转念一想，还是先了解清楚再说吧，免得冤枉了他。于是，我尽量缓和王老师的怒气："王老师，您耐心稍等，我先了解一下事情原委。"

我把梁同学请出教室，看着他漫不经心地从教室信步走出来，用眼睛瞪着我，似乎在等待我的批评与指责。

"小岱，你打了这位小妹妹吗？"我轻声细语地试探道。

"是，她先骂我。"梁同学语气不佳，惜字如金，却供认不讳。

"她是一年级的小妹妹，怎么会无缘无故地骂你呢？到底是怎么回事？"我接着询问。

王老师似乎非常不满意梁同学这种散漫不羁的态度，他所述事实又与自己所了解的有所出入；再看我，又是慢条斯理，纯粹敷衍一般。她就忍不住质疑道："她平时都很乖，她怎么可能会骂你！你给她道歉！"

此时的梁同学，眼里、脸上，尽是倔强，头转向一边，攥着拳头。

对于梁同学，我还是很了解的：他虽然是班上的"学困生"，是班上的"迟到大王"，在班里也时常我行我素，从不听课，醒睡随心，但他不是一个会随意招惹别人，更不用说欺凌别人的人。所以我更愿意相信梁同学所说的，因此，我尝试继续挖掘事情真相："小岱，老师愿意相信你，你把事情的始末跟老师说清楚，好吗？"

梁同学显然没有意料到我的这波操作，他原本觉得老师一定会站在小女孩那边，相信小女孩，而否定他。因为他很清楚自己日常行为如何，老师如何会相信劣迹斑斑的自己呢。所以，他自始至终也没打算再解释什么。在听完我的话后，他瞬间抬眸，难以置信地看着我。而我则用双手顺势轻轻地捏了捏他的双肩，身体俯下，望着他，给予他信心，让他相信老师是愿意相信他的。

此时，梁同学开始放下戒备，说："我今天中午来到学校时，在大厅碰到她，她就骂我，说我是'笨蛋'，是'傻子'，我警告她，要是再骂我，我就打人了。她还继续骂，我就打喽。"

我一边听着梁同学陈述事情的经过，一边观察小女孩的表情变化，只见她的眼睛看向地板，头也往下低。我想不用我说，王老师也会知道是这个小女孩撒谎了吧。

果不其然，王老师亦难以相信小女孩竟然骗取了她的同情心，她转头看向小女孩："这个大哥哥说的是真的吗？是你先开口骂他的吗？"

小女孩羞红着脸，不敢说话。

王老师接着说："你刚才跟我说的时候，就说是五年级的大哥哥打了你，却没有说你先骂人的事，这是不对的，害得老师差点冤枉了这个大哥哥……"

王老师在训完小女孩之后，转而不好意思地跟我道歉："缪老师，这个女孩一直很乖巧懂事，刚听到她说有个大哥哥无缘无故打她时，我就像老母鸡护崽一样，想为她讨回公道，实在是不好意思……"

这本是一件很常见的小事，可我不得不深思：信任本身并无对错之分，但为何结局不同呢？如此事，王老师因为信任，而被蒙蔽双眼，差点被混淆是非；我则因为信任，还了梁同学清明，避免了一场误会与冲突。

其实，在每个教师的从教生涯里，大概都会经常遇到信与不信的抉择，且常在一念之间。师生之间，不能不听不信，也不能偏听偏信。信任该是一种本能，而明辨是非则是一种不使信任落空的能力。教师如何才能明辨是非呢？

首先是多日常记录，观察了解学生的情况，但要避免先入为主；其次是察言观色，从学生的表情、眼神、肢体语言当中去判断该深信不疑还是保留意见；最后是追问寻根，善于发现细节，刨根追问。如此，学生便不会有一人蒙冤，真相亦不会石沉大海，而教师自己也可问心无愧，坦荡前行。

（本文曾于 2020 年 11 月发表在《新班主任》杂志上）

糖果里的小秘密

深圳市光明区光明小学　陈婷婷

　　她是一个非常害羞的女孩，不太爱跟其他小朋友交流。但是，她的大眼睛总喜欢盯着我，时常给我一个害羞的微笑！她跟妈妈说："我最喜欢我的班主任，每次表现好的时候，她都会奖励我一颗糖。"

　　这天，我收到小雨妈妈的微信留言："老师，这孩子数学总是学不好，没啥信心，还说不喜欢数学老师，我应该怎么办呢？"小雨妈妈的言辞里透露出她对孩子学习的关心，也透露出她的焦虑。我思索了一会儿，回复她说："今天我要跟小雨讲个秘密，等她回到家的时候，记得问问她最喜欢哪个老师哦！"小雨妈妈听了，感觉挺神奇，也抱着怀疑的心态打算试一试。

　　我找了小雨来聊天。我问她："你最喜欢哪个老师？"

　　她害羞地低着头，一声不吭。"你最喜欢我，对吧！"她笑着点点头。

　　"老师也最喜欢你了，我们是好朋友对吧！那我告诉你一个小秘密，你想不想知道？"她点点头，眼里透出好奇。

　　"昨天我和数学老师聊天，她说你是她最喜欢的孩子，是不是很惊喜？"她难以置信地盯着我。

　　"数学老师说你上课非常认真，也很懂事，如果再努力一点，数学成绩肯定会很好。"小雨害羞地点点头。

　　"那我们再努力一点，哪里不会就问问老师，不懂就问的孩子最让人喜欢了！你喜欢数学老师吗？"小雨笑着说："好！我也喜欢数学老师。"

　　"这是我们俩的小秘密，不要告诉别人哦！"

　　"好的，老师，我也很喜欢你！"她跳着回教室了。

小雨是个单亲家庭的孩子，自信心不足，需要我们多关注、多鼓励。我把小雨近期遇到的问题反映给数学老师，并给她支招："今天，请您多关注一下她，找机会表扬一下，再奖励她一颗糖，说不定会有意外的惊喜哦！"

果然，小雨回到教室以后，非常开心！我第一次看到她主动跟其他小朋友玩起了剪刀石头布。数学课上，她认真做好笔记，计算时，还会去验算。课后，数学老师开心地跟我说："这孩子，今天还真不一样，表现得特别好。我奖励了她一颗糖，她还特别有礼貌，真是意外的收获啊！"我们俩都开心地笑了。

下午我收到小雨妈妈的回复："老师，你真神了啊，昨天她还说不喜欢上数学课，今天她竟然说她最喜欢班主任和数学老师了，我都蒙了，问她为啥，她还神神秘秘地说这是秘密。""是的，这是我们之间的小秘密。记得要经常表扬她，说老师最喜欢的就是小雨了。"小雨妈妈连忙说："好好好，还是您有办法！"

小雨妈妈也是一个非常有智慧的妈妈，每当孩子想偷懒或者有点信心不足的时候，她就会对孩子说："你看，陈老师又发信息来问你的作业做好了没有，有没有遇到什么困难。老师真是很关心你、很喜欢你的哦！"渐渐地，小雨也变得越来越开朗了，课后还常常能看到她和同学们玩游戏，每天见到我也总是笑眯眯地跟我打招呼，她的语文作业越来越工整，从拖拖拉拉写作业，到现在能跟上大家的节奏，进步非常明显。

数学老师也反映她的成绩突飞猛进，我们相视而笑，因为我们知道糖果里有个小秘密。

每个孩子都渴望得到老师的关注和表扬，我常常对孩子们说，你们就像我自己的孩子，也许我们不经意的一句话或者一个动作就会影响孩子的一生。做一个懂得跟孩子沟通的老师，比做一个勤劳的老师更重要。苏霍姆林斯基说："没有爱，就没有教育。"愿我的孩子们都能在沐浴着爱健康成长，希望我糖果里的小秘密能给他们带来前进的动力。

（本文曾于 2021 年 2 月 20 日发表在深圳报业集团"深学"APP 名师专栏上）

互助成长，家校共育

中山大学深圳附属学校　梁慧凌

> 没有家庭教育的学校教育和没有学校教育的家庭教育都不可能完成培养人的这一极其细微而复杂的任务，最完备的教育是二者的结合。
>
> ——苏霍姆林斯基《给教师的建议》

一年级的小果是我带过的最可爱的孩子，但也是让我最头疼的孩子。

一、家里的小公主VS学校里的"小邋遢"

6岁的小果是家里的小公主，爷爷、奶奶、姥姥、姥爷、爸爸、妈妈把无微不至的爱都给了她。在家里，小果衣来伸手，饭来张口。虽然上幼儿园时，老师也向家长反馈过小果自理能力有些差，但家长似乎不太在乎。小果的问题随着年龄的增长愈发突显，直到走进了我的班级。

走进教室后，我环视孩子们的座位。小果的座位下，丢了一地的碎纸。走近一看，课桌下的书本是乱糟糟的。上课前应该准备好的语文练习册也找不到了，小果正满头大汗地翻着凌乱的书包。

二、"老师，你这不是在针对她吗？"

今天，小果又被老师留下来了。课堂上，小果因完成不了老师的背诵任务，被老师单独留下来"开小灶"。门外等待的妈妈看到哭泣连连的小果，径直冲进来对着老师大喊："老师，你这不是针对我孩子吗？她背不下就背不下，为什么要为难她？"

安抚了小果和英语老师以后，我把小果的妈妈请到了办公室。

三、爱，要学会放手

小果妈妈一进办公室就开始向我倒苦水，孩子进入小学以后，常常被老师批评，回到家以后总是不开心。

我在安慰小果妈妈孩子时，也直言不讳地告诉她，导致这些问题的根本原因是家长在应培养孩子独立自主意识时，代劳过度；应培养孩子独立思考能力时，总以孩子还小为由，放任孩子。所以孩子到了班级里才会出现诸多不适应。

与此同时，我也表明了科任老师的态度，不会因为孩子存在小毛病对孩子产生偏见，打消家长顾虑。我还告知了小果妈妈"六对一"的模式过度关注、帮助孩子，对孩子产生的不良后果，动员小果妈妈在这一次会谈后，回家也召开一次家庭会议，爸爸妈妈与爷爷奶奶、外公外婆统一育儿观念，不过度宠溺孩子，在家里能让孩子参加力所能及的家务劳动。

四、好习惯，好孩子

在习惯养成的一个月里，小果妈妈用日记打卡的形式不间断地反馈小果的情况。我也坚持每天记下小果的在校情况，让家长及时了解。

为了让小果能尽快适应班集体生活，学会自己的事情自己做，我利用班集体的力量帮助小果。首先，我会在日常生活中，见缝插针地引导小果正确处理拖拉、不讲卫生等问题；其次，帮小果物色一个"小小天使"，这位同学在整理书包、收拾物品时，总是做得最出色的，也非常有耐心。她能站在小朋友的角度去指导小果解决现在最苦恼的问题——不会收拾、整理。同时，我也在班里大力表扬了这位"小小天使"，给其他同学树立乐于助人的榜样，让班级里其他同学也能加入其中。我还适时表扬小果的点滴进步，增强孩子的自信心。

为了提高孩子们的自主管理能力，我在班级里还开设了系列班会活动——"我是整理书包小能手""我是打扫卫生小能手""认真听，我能做到"。小果在这些活动中，表现得一次比一次有进步。

小果妈妈从我的日记中，看到了孩子的进步与成长，也体验到了孩子成长带来的惊喜。

期中家长会上，我对孩子们的进步进行了表扬，还大力夸赞小果家长的努力与坚持带给孩子的改变。

我相信孩子的成长和蜕变，不是一朝一夕的，它需要同伴之间相互帮助，更需要家校合力推动。在大家共同努力下，小果一定会越来越好。

（本文曾于2021年4月9日发表在深圳报业集团"深学"APP名师专栏上）

主题式约谈家长的必要性

深圳市光明区公明第二小学　叶文婷

　　开学第一周，不省心的"淘气大王"小龙就开始犯事了。某天中午放学，他与班级的两个男孩儿在学校后门的马路上追逐打闹，玩得不亦乐乎，还差点撞上了正在倒车的小货车。针对此校外安全事件，我严厉地批评了这几个孩子，也联合家长对孩子进行了深刻的思想教育，同时利用班会课的时间，在班上多次强调放学后的纪律，希望孩子们以此为戒，注意交通安全。

　　然而好景不长，国庆假期前一周某天的中午，又有老师向我投诉，小龙放学又在校外玩耍了，跳进了学校附近仍在修路的下水沟里面玩，不仅大喊大叫，还用脚大力地踢踩污水，溅湿了自己的鞋裤，甚至拾起污水沟的泥巴扔向路边经过的人和车，差点扔到经过的校车。当我听到这个消息，生气之余，不禁陷入了沉思：究竟是哪里出了问题？为什么已经家校联合对孩子进行思想教育了，还是一而再发生这类校外安全事件呢？我十分困惑，甚至一度怀疑是自己的教育出了什么问题。

　　此时，我想起《家校合作指导手册》第五章"约谈家长的形式和方法"这一板块中有个"主题式约谈"，十分适用于我现在的这类校外安全事件。书中提道："和家长约谈是主要面向家长个体的交流形式。当然，家长可以是一位，也可以是五到六位。家长约谈的内容，主要针对个别现象商讨策略，约谈时可以引导家长改变家庭教育中的不当方法。"我何不针对此类事件，召集小龙的家长开一个主题式约谈的线上家长会呢？说干就干！约谈就以"交通安全伴我行"为题。我参考"个性化问题面对面"这一板块的内容开始准备约谈。

　　其一，做好准备工作。要及早告知家长约谈的时间、地点与内容，征得家长的同意。在约谈前，教师要汇集、查阅有关这个孩子各方面发展情况的材料，进行分析，提取有用的事例。

其二，要以平等的身份与家长交谈。教师切勿以专家自居，用居高临下的态度教训家长，不要发号施令似的总是说"必须""应该"怎样，更不能责怪家长；要尊重家长，多倾听家长的话。

其三，约谈内容要注意选择，不可泛泛而谈，对孩子的评价不要带有主观性，既要肯定优点与进步，也要真诚地提出不足之处。每次约谈完毕后，教师要善于反思，做总结。

我先做好"交通安全家长约谈会"的准备工作：和小龙的父母组一个讨论组，与家长协调约谈的时间，下载了一些有关交通安全的视频和资料，还有有关小龙开学至今各方面发展情况的资料，然后到了约定的时间，我与小龙的父母进行线上约谈。

首先，我先给小龙的父母看了几个就在9月初发生的交通事故新闻和视频，然后将这两次校外发生的事情跟小龙父母说清楚，再倾听小龙父母对这两件事情的感想。小龙的父亲勃然大怒，他说回家便要好好教育小龙，要他以后一放学就回家，不许在学校周围逗留，还有下次就将腿打断。而小龙的母亲则认为孩子还小，不懂得遵守交通规则。她说在校外玩十分危险，回家一定好好教育，明天开始让爷爷来接小龙放学。

从谈心中，我发现了父母离异的小龙上学年是惯用棍棒式教育的父亲管教的，每天父亲都会亲自接送小龙、监督他写作业，所以小龙虽然有些小调皮，但忌惮于父亲的严厉，并不会太过于放肆，而这学期是由过于溺爱孩子的母亲照顾的，母亲暑假便给小龙买了一部手机，以此弥补小龙这些年的母爱缺失。开学至今，小龙都是自己回家，家中只有年迈的爷爷负责他的起居饮食，而母亲只有到了晚上9点才回家。因此，据我了解，小龙一回家就玩手机，和爷爷看电视，到母亲回来才上床睡觉，所以到学校一上课就打瞌睡，家庭作业时常缺交。母亲也意识到和小龙交流越来越困难，小龙的问题越来越严重，迫切需要寻找有效的解决方法，让小龙尽快走上正轨。

我让小龙的父母先协商好照顾小龙的时间，不要双方隔得太远。在商量和协商过后，他们决定由小龙的父亲接送孩子上下学，小龙一放学就到指定的地点等候父亲，不可随意乱跑，母亲早点下班回家辅导小龙的家庭作业，手机只有周末才能玩一小会。约谈提出的解决措施是针对小龙的现状进行的有效改变，接下来的一个星期我明显感觉小龙的心没那么浮躁了，没有老师和同学向我反映小龙在校外玩耍了，他的作业质量也好了许多，期待小龙接下来有更大的进步。经过此次交通安全约谈线上会，我发现了主题式约谈家长是针对个别孩子进行家校合作的一种高效方式，有以下几点推行的必要。

一、主题式约谈家长能让家校合作更深入

如果教师与家长定期进行主题式的约谈，教师就能了解孩子在学校中不大会流露的思想状态与行为习惯，家长也能了解到孩子在学校的行为习惯、学习习惯、学习成绩等重要信息。这样，在约谈的过程中，教师和家长针对学生的某一个方面进行交流，教师可以根据家长提出的问题和困惑积极为家长提供针对性的教育建议和方法，教师可以详细分析孩子的心理状况和需要提高的方面，给予家长合理化的建议，根据孩子的不同性格特点和家长讨论因材施教的方法。如此一来，教师与家长就不仅仅能够实现信息的分享，而且能够策划出更具有针对性的教育活动，及时调整自己的教育预期、方式方法，从而直接影响学生的发展。主题式约谈可以及时让老师和家长跟进教育学生，使学校和家庭实现合作。主题式约谈家长如同春风化雨一般，润泽了家长，惠泽了学生。

二、主题式约谈家长能让教师听到"另一种教育"的声音

苏联教育家苏霍姆林斯基曾把学校和家庭比作两个"教育者"，认为这两者"不仅要一致行动，要向儿童提出同样的要求，而且要志同道合，抱着一致的信念"。但是不少家长还没有真正意识到自己也是教育者。现在的家长，对教育孩子都有自己的见地、想法，但是他们往往认为教师才是教育者。这就需要提高家长对家庭教育的认识，让家长积极担负起教育者的责任，促进更多家长的觉醒与参与，这样才能形成家校合力。教师和家长之间必然存在着对教育教学认识上的差异，作为交流的主要倡导者，教师应该明确，差异是沟通的交流基础，但交流不是为了排斥差异，消除差异，而是为了更好地理解差异，求同存异。要实现有效的交流，双方参与者必须具有平等的人格和平等的沟通机会，并且都愿意倾吐自我，尊重彼此的观点，乐于积极地接纳对方。因此，主题式约谈家长能让教师听到"另一种教育"的声音，使家长成为学校的亲密伙伴。

三、主题式约谈家长能让孩子更加健康地成长

转化一个学生的思想和行为并非是一蹴而就的，需要老师和家长携手合作，长期坚持去引导和教育学生。这是一个漫长而又可能出现反复的过程，因而需要定期的沟通交流。主题式约谈家长正是一种非常及时有效的交流方式，针对孩子反复出现或者新冒出头的问题进行处理，关注孩子的一举一动。孩子是家校合作的受益者，教育孩子不光是老师的事情，更是家长的事，只有做到家庭与学校密切合作，才能促使儿童健康成长。家长与教师在教育上要统一阵线，才能形成一股教育力量，教育才能达到预期的效果。主题式约谈家长的方式改变的是学生，使得家校获得理想的教育效果。

主题式约谈家长能让家校合作更深入，能让教师听到"另一种教育"的声音，能让孩子更加健康地成长，我要多尝试这种与家长交流的方式。家校合作是实现高质量学校教育和良好家庭教育的纽带。通过主题式约谈可以实现学校教育和家庭教育的共赢，共赢的结果就是教师和家长密切配合促进了孩子的健康成长。

在家访中传递爱

深圳市光明区李松蓢学校　张丽思

　　家访，对教师来说，并不是一个陌生的词，它是进行家庭教育个别指导的一种常用且有效的方式，是学校与家庭共同教育好孩子的一架不可或缺的桥梁。《家校合作指导手册》里提道，教师走进学生家庭，真正了解了孩子的家庭环境、家长的教育方式、孩子在家中的表现，才能深入了解学生、理解学生，才能酌情设计出有针对性、有梯度、把握得比较准确的教育策略。而我跟"家访"也有说不完的故事。

　　我第一次家访是在我工作的第一年。我们班上的小苏上课表现非常积极、聪明，可是她的作业却经常"缺斤短两"，衣服也总是"锦上添花"，考试成绩并不理想。我很疑惑：这么聪明的孩子为什么会不完成作业，不爱干净呢？我通过微信和电话多次向她家长反馈情况，家长表示会好好管教孩子。可一段时间后，孩子并没有多大改变，于是，我决定去她家家访。

　　刚进家门，我就被小苏家里的景象震惊了。一房一厅的出租屋里堆满了各种各样的杂物，昏暗的灯光、发黑的墙壁，客厅里除了一张小桌子和两张凳子外，就几乎没有落脚的地方。小苏有四个兄弟姐妹，三岁的弟弟在妈妈怀里抱着，五岁的妹妹躲在小苏的身后好奇地打量着我，哥哥和姐姐则在老家读初中，而他的爸爸在工厂上班，每天早出晚归，没有什么时间陪伴他们，更别说辅导小苏学习了。

　　小苏放学回家后，要帮忙带弟弟妹妹，晚上写作业也总是受弟弟妹妹的干扰。在这种情况下如何能静下心学习呢？我终于明白了为什么她的作业总是缺东少西，为什么她的衣服永远都是脏兮兮的。对于一个三年级的孩子来说，她身上的担子太重了，她本应该享受父母的宠爱，却担起了照顾弟弟妹妹的责任，糟糕的家庭环境阻挡了她学习成长的脚步。

家里的经济条件不允许他们换一个大点的房子，也请不起保姆照顾弟弟妹妹，那在现有的条件下能不能给孩子提供一个安静的学习环境呢？经过跟她妈妈的协商之后，她妈妈同意尽量不让弟弟妹妹打扰姐姐学习，而且晚上会抽出时间检查孩子的作业。尽管如此，我知道这也只是杯水车薪。既然家庭如此，那身为老师我更要尽自己的一分力量，给她更多的关爱。从那以后，我会额外关注她，陪她聊天，通过各种形式在学习上给她鼓励与支持，慢慢地，我发现她越来越自信了，学习成绩也有了提高。

一天晚上，我接到了小苏妈妈的电话。她在电话那头激动地说："老师，小苏最近变化好大，以前她很内向，不怎么说话，成绩也不太好，自从您来家访后，她整个人开朗了很多，成绩也一次比一次好了，老师，我和她爸爸都很高兴，真的太感谢您了！"

小苏妈妈的电话把我工作一天的身心疲惫一扫而空，那时的我，刚站上讲台，面对班上棘手的事务和学生常常一筹莫展，我常常问自己是否适合教师这一职业，但这个电话让我第一次清晰地感受到自己的重要性。不经意的一次家访居然能对学生甚至对一个家庭产生如此重要的影响！那一瞬间我感受到每个孩子都是家庭的希望，家长把孩子托付给学校和老师，我又怎能辜负学生家长对我的信任呢？教育的梦想，从来不是有一腔热情就足够的。

从那以后，我明白了家访的重要性，我每周抽时间去家访两个学生，一个学期下来，班上每个孩子的家里我都去过，我的到来让学生感受到了老师对他（她）的关注和重视，这对学生来说是一种激励，对家长也是一种触动。教师、家长、学生三者共处一室，促膝谈心，既拉近了彼此的心理距离，也让我受益匪浅。和学生家长相互了解情况，交流各方面的信息，沟通感情，即使家长了解到学生在校各方面的表现和学校对学生的要求，又使我了解到学生家庭中各方面的情况及学生在家庭中的表现，还能跟孩子家长共同研究，在教育学生的内容和方法等方面达成一致意见。慢慢地，班上的小张字写得更漂亮了，小李上课不会打瞌睡了，小天跟爸爸妈妈关系更好了，小丽的成绩有进步了……

家庭是藏在每个孩子身后的神秘力量，它在某一个阶段可以成为孩子的能量源，也可能会成为孩子的绊脚石。而家访可以让老师知道家庭在孩子的生活中所扮演的角色，通过老师的努力，可以让家庭尽量成为孩子的能量源，给孩子带来曙光，而这些是电话、微信、QQ等通信手段都无法达到的。听声不如见面，面对面的沟通是解决问题的助推器。

《家校合作指导手册》里提道："教师家访是传递教育之爱的机会，也是为之后续表达教育之爱的起点。"帮助孩子成人成才不光要有渊博的知识、充足的耐心、伟大的人格，更要有家校联动的凝聚力和向心力。而家访，就是一条"心力"之路，教师走访每一个孩子的家庭，对学生是一种激励，对家长是一种触动，对教育更是一次反思和促进，我将会在家访这条路上越走越远，将爱传递给每一个学生、每一个家庭。

遇见更好的自己

——深圳市年度教师巡回演讲稿

深圳实验光明学校　　林小燕

尊敬的各位领导、老师，亲爱的朋友们：

大家好！

非常荣幸能有这样一次机会站在台前和大家一起学习。我珍惜并享受这样的成长过程。我今天分享的主题是"遇见更好的自己"，接下来我将从班主任工作、学科探索及团队实验三方面分享我的成长历程。

一、班主任工作：生态型班级模式建设

这十多年来，我通过努力成为深圳市优秀班主任、光明区学科带头人、区年度教师、深圳"我最喜爱的班主任"，这一路走来只因教育是最温暖的家。我爱教育，更爱深圳教育。我愿意在这温暖的家中，与孩子们一起快乐地成长。

1. 思考的起点：我要带出怎样的班级

教育工作中，总有一些事一些人触动着我的内心，激励着我前行。曾几何时，我的耳边经常响起一句话，"老师，跟你在一起，我好开心。"一个弱小而脏兮兮的孩子，每天跟着70多岁的奶奶去垃圾堆里捡瓶子，这个一直被很多人嫌弃的孩子，每天笑眯眯地对我重复着同一句话，"老师，跟你在一起，我好开心。"他的眼里散发着光芒，充满了期待。这期待的眼神告诉我，作为老师，我要好好地爱孩子。冰心老人曾经说过这样一句话：爱是教育的基础，是老师教育的源，有爱便有了一切。既要爱，还要有爱的能力。于是，我对自己的工作进行了重新审视，不停地问自己：我所追求的是怎样的工作生活？我

期望的是怎样的工作状态？我要带出一个怎样的班级？我与我的学生能有怎样的发展可能性？这一连串的思考激励了我去实践行动。我用心研究、探索如何建设生态性班级，把知识的种子撒进了学生的心田，让爱的阳光照亮学生的前程，以智慧培养学生的核心素养，在教育这片热土上找到了人生的坐标，实现了自身的价值，促进了学生的生命发展。

2. 研究的路径：在实践中发现自己

我一直告诉自己：班主任工作是一门艺术，只有严爱相济，才可赢得学生的信赖，走进孩子们的心灵，才能在教书的同时育人。在管理班级琐碎工作的过程中，我深深地体会到：在培养学生的良好品质时，不但要发自内心地爱学生，让学生感受到爱，体会到被爱之乐，学着去爱别人，更要注重班级建设，在实践中提升学生的综合能力，努力使每一个孩子成长。所以我带着孩子们通过自己的努力去帮助更多的人，开展有意义的义卖会，成立班级基金会，为山区的孩子送温暖包。

孩子们利用周末时光，开展"情系山区温暖义卖"活动。他们一起策划、采访、想办法筹措资金，学习制作蛋糕、商量分工、售卖蛋糕。通过自己的努力去帮助有需要的人，献出自己暖暖的爱。而这样的活动并不是孤立的实践活动，而是综合融通各学科、各领域而开展，多方面多层次锻炼提高了孩子的能力。例如，在美术课上分小队设计宣传海报，语文课上根据实践学习写话；数学课上学习货币换算，社会实践课上学习售卖技巧，音乐课上学唱爱心歌曲。让孩子在综合学习中成长，在综合性交往中成长。这样的活动综合融通着事和人，形成了良好的生态模式。我发现：孩子的实践过程就是他们成长的过程，也是我的成长过程。

3. 研究的成果：生态型班级建设模式

教育就是帮助孩子找到他自己，成为他自己，做最好的自己。在我眼里，每一个学生都是独特的，都有自己的过人之处，我竭尽所能去寻找隐藏在他们身上不为人知的闪光点，培养学生的创造力、问题解决能力、领导力等，打造出生态型班级。

我常思考：我们的教育在培养孩子的同时要引导有需要的家长，这样的教育会更有意义。这也是我建立生态型班级的初衷，让我们的老师、家长、孩子共同成长。"您好，寒假"项目中，职业体验活动实现了第四教育时段的创生，改变了一些留守儿童的现状。班上的小东，其父母由于工作原因，长期居住省外，小东一直与外公住一起。在孩子眼里，这一切只因父母不够爱他。寒假职业体验尝试，让小东了解到父母的不容易，也让小东的父母意识到陪伴孩子的重要性，他们选择了离开自己的舒适区，辞掉省外的工作，回到孩子的身边。只有每个家庭的成长，才能使孩子更好地成长。正如小东爸爸说的，工作可以重找，但孩子的成长不可以重来。是啊！孩子的名字叫今天，而不是叫明天。

生态班级建设模式，链接着学校、社区、社会，得到了一些专家的肯定，也引起了《班主任》杂志的兴趣，因此我有幸被邀请，成为《班主任》杂志的封面人物。

现在这班孩子，我带了四年，我在一年级接触他们的时候，他们连上台讲话都不敢，但经过三年的陪伴，他们今天是如此自信、大方与快乐，这源自我每一次的放手。在班级的日常事务中，我让孩子们自己去策划，自己去组织，自己去管理自己。不管是校内活动、校外活动还是社区活动，孩子们在这个自由的空间里尽情地舒展他们的才华、张扬他们的个性。我们都知道"放的教育比圈的教育要更难，要更有艺术"，在孩子自由成长的空间里，老师们耗的心血要比平时更多，要付出更多的努力，但是看到孩子们在自由快乐地成长，这些辛劳和付出都是值得的。我很享受这个过程，我是快乐的。而教师生命的意义和价值就在这个相伴成长的过程中，逐渐得到显现，得到升华。

我依然相信，在播撒爱的种子的同时，还要做好培育工作。那么，自身的能力就需要不断地提升。因此，在教学工作中，我不断地揣摩、思考、实践、研究，结合生态班级开展生态教学模式的研究。

二、教学工作：跨学科融通探索

作为一名人民教师，课堂就是我展示生命价值的绿洲。我信奉"作为教师，如果没有把自己点燃，没有把自己展开，就无法去影响别人，改变别人"。

在14年的教学生涯中，因为学校需要，我不断地改变着学科教师的角色。既是语文老师，又是数学老师，有8年时间在教语文，6年时间在教数学，在不同学科之间的穿插转换之中，经常听到有些老师说：数学是清清楚楚的一条线，语文是模模糊糊的一大片。真的是这样的吗？教学之间没有纵横交叉的连接点吗？学科之间没有一个生态模式的发展吗？每一个学科都有一条清晰的教学主线，但也都有模糊需要探索的一片。我尝试着去寻找它们的共同之处，摸索它们的不同之处，以求同求异的思维去探索综合融通之路。刚开始，我有些茫然，不知所措，于是刻录了30多个光盘，一遍一遍地看，从语文学科的窦桂梅、于永正、王松舟到数学学科的吴正宪、徐斌、张奇华，尝试模仿着名师上课，但发现这样简单的模仿，并没有起到特别好的效果。我的师傅张红老师一句话提醒了我："你首先要研究的是你自己，研究你的学生，如果不清晰自己，所有的模仿都是东施效颦。"于是，我在一遍一遍地看视频的同时，研究他们的课堂组织能力、文本解读能力、语言表达的用意，我一遍一遍地揣摩、思考，我自己拥有什么，缺少什么？我能教给学生什么？我的学生，他们有了什么，没有什么？哪些是需要我教的？哪些是不需要我教的？所以，在做教学解读时，不仅要眼中有文本，有自己，更要心中有学生。让数学课上不单是加减乘除，还可以是趣味多样的故事情节，我精心地设计着每一堂课，穿插着表演、绘本学习，带着孩子们测量，写数据报告，在情景中学习，让数学课堂也变美。语文课上，也可以有对数学知识的解读，也可以有对美妙音乐的聆听。记得叶圣陶先生说得最直截了当的一句话是："语文老师能引导学生俾善于读书，则其功至伟。"作为语文老师，我既要教会学生自己读书，更要激发他们持续读书的热情。我结合班级学生的特点开展创意文化主题系列活动，打造微笑班级图书馆，孩子们通过工程招标会将班级图书馆工程列出5个项目（图书来源、借阅制度、激励方案、图书编码、阅读存折），以小队承包项目的形式开展活动，在小队长的带领下，同心协力开展阅读活动。这一学期，我们又结合年级活动开展"悦读名著，畅享'西游'"同读一本书的综合活动。

　　我始终觉得，作为一名教师，我们需要清晰自己，了解学生；磨炼自己，滋养学生。我们需要不断地刻苦钻研业务，注重多方位培养学生的能力和学习习惯，对工作讲求实效，对学生因材施教。多虚心地向前辈、向同行学习，向书本学习，取人之长补己之短，才能更好地绽放教育智慧的火花。

三、团队协作：走向融合的"新基础教育"实验

　　每个人的成长都不是孤立的，所谓：一个人可以走得很快，但一群人可以走得更远。

　　"做研究型的教师，做生长型班主任"是我一直的努力方向。在我陪伴孩子成长的过程中，也有一群人在陪伴着我。在近三年的15节区级以上的公开研讨课上，在华东师大李家成教授、光明教科研中心谢德华主任，邓华香校长、何维泉校长以及学校领导和同事的帮助下，我的教学技能不断提高，写作水平也有所提升。在实践的过程中，我尝试把自己的研究记录下来，写成文章，有幸发表在《班主任之友》《现代教学》等杂志上，并多次被邀请到全国各地分享交流班主任工作经验。这一切除了因为我一直坚持研究学习探索，更因为团队协作，培养生命自觉，我曾经多次感觉到压力，想退缩时，耳边就响起："将来的你一定会感谢现在努力的你。"叶澜老师的一句"知者不惑、仁者不忧、勇者不惧，姑娘，好好努力"一直鼓励着我。团队三年的陪伴，多次的指导，这里面有批评、有指正、有鼓励、有期盼、有等待，虽然我没有破茧成蝶，但也能破土萌芽。

　　作为光明区"新基础教育"试验的骨干教师，我在研发团队建设、理论研究、实践研究等几个层面都取得了初步成果，与团队的其他老师有效整合了班队活动与学科教学，整合班主任工作和教学工作，并将教育教学与育人为本综合融通，形成了独特的班主任管理模式和教学模式，以"生态型"班级与"生态教育"有效结合，以学生的生命成长为本，培育学生的生命自觉。

　　在研究之路上，我一直不断继续探索研究，带领年轻教师一起钻研，探索，与团队的其他老师融通于人、融合于心，融通于事、融合于力，融通学科、融合智慧；创新教研模式、创行活动开展新模式，创思活动育人价值。团队中的年轻教师们有了很好的发展，多次承担区级以上公开研讨课，并被邀请到全国论坛发言。

　　教育是一条漫漫长路，不追求到终点，但愿在路上。不忘初心，方能勇往直前。

　　有人说教师的工作就像下雨，每一颗雨点都是一个故事，我的雨点虽然小，但却绵长。我希望用我所有的爱，清风化雨，润物无声地去陪伴孩子们幸福，快乐地成长。

　　我很平凡，没有优美的文采，没有有魅力的演讲艺术，但有一颗炽热的教育之心，感恩市教育局提供的学习平台，感恩年度教师提供的成长机会，感恩光明新区的栽培，让我遇上最好的自己，最后感谢大家的聆听。谢谢大家！

约上爸妈，一起过周末

——诚铭学校讲座讲稿

中山大学深圳附属学校　梁慧凌

尊敬的各位领导、老师：

大家下午好！我是中山大学深圳附属学校的梁慧凌，很荣幸来到诚铭学校与大家一起交流。在开始我的分享前，做个调查：现场有哪些老师是班主任？现场哪些老师已经当了爸爸妈妈？基数很大。没举手的老师，将来也会当班主任，可能也会很快为人父母，不妨也听一听。

在班级活动中，亲子活动是学校德育和心理健康教育的重要组成部分，活动的开展有利于增进亲子关系，促进家校合作，形成教育合力。

接下来我以小学高年段周末亲子活动为例，与大家一起探讨交流。

一、为什么做？

从孩子的角度来说，高年段的孩子已经具备了强烈的自我意识，希望自己动手规划周末生活，拥有强烈的欲望去表达自我。

从家长的角度来思考，孩子与他们的矛盾增加。孩子们通过据理力争的方式向家长释放出"我已经长大了"的信号，而家长仍用"你必须按照我说的去做"这种方式对待孩子的要求，因此孩子与家长的关系不如从前亲密，矛盾和冲突时有发生。

在学校里，非正式群体逐步稳定，孩子总想和兴趣相投的同学待在一起，经常一起交流，结伴活动，开始形成了真正的朋友关系。但也正因如此，部分同学只在小团体里活动，少了与其他同学相互了解、相互交流的机会。

通过周末亲子活动，既能锻炼孩子的自主能力，又能改善亲子关系，还可以拓展孩子的交际圈。经过商讨后，我们一致决定利用周末的半天时间来开展小组亲子活动。

二、活动准备阶段

1. 前期调研

为了更好地了解家长与孩子以前的周末生活是什么样的，家长和孩子需要怎样的周末生活，笔者通过两份电子调查问卷对家长和孩子们的周末生活进行了调查，分析怎样通过活动引导孩子成长，促进亲子关系。

2. 亲子策划会

借着期中家长会的契机，我向家长说明了我们周末亲子活动的必要性和重要性，还让54名孩子与50名家长一同讨论周末亲子活动的相关事宜。

为了让家长与孩子们相互认识，孩子们分组登台自我介绍。接着，家委会代表讲述组织周末亲子活动的意义，呼吁家长积极配合。在最后的环节，家长们与孩子们一起为小组取了名字，建了群，还确立了活动的主题。看似简单的策划会，老师、学生、家长投入了大量的时间和精力。

3. 完善策划方案

第一次策划会后，后续的工作紧锣密鼓地开始。但许多问题也接踵而来。

在家长方面，主要表现为：家长积极性不高，有家长进群后不讨论不交流。

在学生方面，主要表现为：学生能想出来的活动形式很单一，如安排看电影，或者安排去吃东西。缺乏小组"领头羊"的组织，纪律松散。组里部分同学的积极性不高，不喜欢发表意见。小组的活动太笼统，没有主题性。

在老师方面，主要表现为：分组比较多，不能及时反馈每个小组的信息，与每个组的家长沟通和协商有待加强。

为了解决上述问题，小太阳中队又开了一次策划会。

在这一次的策划会上，六个小组确立了活动的方向，有的小组选择亲近自然，走到自然中去，观察植物、动物，进行调查记录；有的小组选择亲子游戏、运动，在游戏和运动中，使亲子关系更亲近，使同学关系更紧密；有的小组选择野营，他们策划去登山，去野炊，锻炼自己的动手能力；还有小组选择了做义工，参与到社区的义务劳动中去，跟家长一起为大家做点什么。

针对家长不够积极的问题，大家一起讨论了对策。组内商定每次活动最少两名家长负责协调活动的开展。组内的联络员和组长、副组长及时通知每个参加的同学和家长。

在活动的具体流程上，我们一起细化了前期准备，对活动划分阶段和进行分工。

三、活动实施阶段

1. 小组活动

以其中一组为例。

在六个小组的活动中，第一小组选择"寻找丁丁农场"作为他们活动的名称，走到自然界中去观察记录植物。从社区集合后，徒步去一个附近的农场。到场的孩子与家长共21人。

一路上，孩子们与家长们一同寻找植物、观察植物、记录植物，每位同学在活动结束后最少认识十种新的植物。通过植物记录表、照片和简笔画等，可以看到他们一路的收获是满满的。

家长和孩子们到达了丁丁农场后，发现农场刚被拆除。孩子和家长们临时做了调整，到农场附近的百花谷去。百花谷的花开得正艳，身处美丽的花海之中，大家顿时忘记了一路的波折和辛苦。在大家的欢呼雀跃中，第一组的首次周末亲子活动圆满结束了。

晚饭后，孩子和家长们聚在一起讨论一天的收获。孩子们谈道：大家都非常积极参与活动；在认识植物时，每位同学都非常认真；家长很负责任，许多事情都亲力亲为；即使活动很累，每位同学都坚持走到底，没有抱怨。家长们也觉得，在活动中，孩子有了成长，亲子关系有了进展。

2. 中期调研

在六个小组活动结束后，笔者对家长和孩子分别又做了问卷调查。希望通过问卷的形式了解每个孩子、家长在进行第一次亲子活动时收获了什么，还需要什么。

通过对问卷的分析，笔者发现：大部分孩子非常期待与父母一起进行活动，参与的家长也对这一次活动给予了积极的反馈；孩子们认为最有意义的事情有与爸爸妈妈同学一起做一件事、了解大自然、爬山、游戏、运动；家长认为感受最深的事情是能跟孩子一起学习、能拓宽孩子的视野、看到孩子们开心地合作；关于下一次活动的期待，孩子与家长都不约而同地提到了"独立"一词，孩子希望能更加独立地组织活动，家长也希望让孩子在活动中更加地独立成长。

3. 推进交流会

历时一个月的小组活动后，我们迎来了班级的第一次推进交流会。

班会伊始播放视频，对前期活动进行了回顾，让孩子们畅所欲言。孩子们纷纷分享了活动中有趣的小故事，如有的小组到活动的地方时，发现被拆了，中途改了地点，队友们能苦中作乐，边唱歌边徒步到另一个地方。有的小组通过观察不一样的植物，制作了一本植物观察手册。

接着，各个小组代表分别进行了汇报。每个小组的活动都具有鲜明的色彩。自信小组和阳光小组率先汇报，他们对活动进行了梳理，点赞本组做得较好的地方，同时提出了存在的问题。明亮小组和放飞梦想小组分别从游戏、运动两个主题阐述了本组的活动，进行了小结。

通过活动总结，我们看到了孩子在活动中的精彩表现，也发现了一些问题。每个小组汇报后，其他小组进行了评价并提出了相应的建议。组员们群策群力，寻求更好的解决方法。我们邀请了家长代表与会，家长也给出了他们的意见。

在推进会的最后一个环节，学生代表给亲子活动中表现优异的家长颁奖，表彰、鼓励更多的家长参与到亲子活动中来，为后期活动的开展奠定了良好的基础。笔者在颁奖后，对本次亲子活动推进会进行了总结，为家长和学生们点赞，点赞活动中的精彩表现，点赞能力的提升，点赞亲子关系的更进一步，也期待活动的继续推进，家长和孩子们的进步和成长。

四、活动思考总结

因为是常规的周末活动，后续笔者也在不断进行思考和调整：

1. 深入推进

初始进行活动主题的设定时，笔者曾跟学生交流：是选择一个主题不断深化，还是选择多个主题轮番进行？我们就这两个方面进行了深入的讨论，最后确定为一个主题的不断深化。沿着现在的活动主题，在植物观察、运动、游戏、野外探索、义工服务五个方面继续推进，让孩子与家长在活动中积极献计献策，玩出新点子。

2. 小组互串

学生"用脚投票"，除了自己活动小组，还可以选择别的小组进行活动。

3. 鼓励与表彰

为确保活动的有效推行，奖励机制需要配套产生。组内根据自身的情况，设立奖励的机制。班级内将对每个小组进行考察，从亲子配合、生生配合、活动内容等几个方面对每次活动进行评定。校内也将对持续推进的活动进行表彰。

4. 安全机制

确保校外活动的安全，需要家长给予更多的配合，也需要对学生进行专门的培训，讲解相关的安全注意事项。家委会与家长、孩子将制定共同的外出安全公约守则，在活动时，共同遵守。

5. 总结分享阶段

在学期末，班级内举办了亲子活动总结分享会。这一次的分享会的主题为：成长。

孩子和家长对前期的活动进行了回顾和梳理。

（1）学生的成长。

孩子们在活动中，增长了见闻，收获了友谊，增强了动手能力，提高了与人沟通的能力。在一次次策划会上，一次次小组活动中，孩子们笑容越来越灿烂，越来越积极，能力越来突出。有同学是这样说的："从第一次不敢站上台，到现在能主持一场活动，我突破了自我，这种成就感，这样的快乐，我真的太喜欢了。"

（2）家长的转变。

家长在总结收获时，这样描述：不管组织什么活动，我们家长一定要带好头。小孩子要的是父母共同的爱，只有小孩子感受到父母共同的爱，他们才能健康地成长，所以不管什么活动，我们不能永远只有母亲或父亲参加，应该是轮流参加，或者是共同参加。每个孩子都是独立的个体，我们也没有凌驾于孩子头上的权利。给孩子一个平等沟通的交流渠道，孩子才会愿意和我们分享他们的生活。

通过家长的描述，我们看到了这位家长思想的转变，也看到了活动带来的不仅是孩子的变化，还有家长明显的转变。

（3）教师能力的提升。

在活动中，各种问题不断出现，笔者在处理、解决这些问题时，不断进行反思、总结。在开展活动的过程中，笔者与家长、学生协同合作，站在整体的角度去思考问题、解决问题。笔者的定位也从指导者，转变为了合作者、实践者、引领者、研究者。在不断推进的活动中，笔者作为教师的各项能力得到了更大的提升。

"说"的蜕变

深圳实验光明学校 林小燕

今天早上与班上的孩子共享了早读的美好时光后，我就匆匆地回办公室"修整"了一下自己，给自己化了个淡妆。因为佛山南海的老师来学习，我获得区里领导的信任，成为今天的分享者。

2个小时的分享，我竟然能如此淡定从容地应对，我惊讶于自己的变化。学校负责整理资料的老师发信息过来，让我把演讲稿发给她，我回复她说："不好意思，我没有写稿子。"

分享过程中，邓校长不知何时进入会场，我却浑然不知，或许是讲得太投入了吧！看着佛山的老师们时而拍照，时而做笔记，一直在认真倾听，我心中感慨，佩服他们的认真、投入。佛山的潘校长说："刚听您的报告，如梦初醒，收获良多，希望继续向您学习。"其实我心中明白：这是一个互相学习的过程，共生共长的过程。

分享结束后邓校长跟我说："讲得特别好，很自然，很亲切，很到位，资源开发、动态生成、综合融通等专业表达与实践相结合。我很佩服你。你是怎么背下稿子的？两个小时的分享，不容易啊！我在学校群发了一段话：'今天上午光明小学又有两位新基础骨干教师为佛山教师做培训。董波主任从学校层面到语文学科层面谈改革、改变，思路清晰，理论、实例有效结合，从听课教师的专注状态看出董主任的报告是成功的！林小燕老师的报告站着脱稿演讲，表达流利、生动有趣，对主题活动、学生状况、家长资源等如数家珍，报告精彩！我佩服光明小学成长起来的专家型教师！'"

我再一次笑笑说："校长，我压根就没写稿子，您千万不要叫我交稿子啊！"她笑笑说："你是'新基础教育'实践中成长起来的老师，在你的身上，我看到了李家成老师的一些影子和话语方式。"

啊？真有啊！我此时心中暗喜。

对，我一直心中明白且感恩李老师带我走向专业发展之路，但是我是第一次听到有人说，我身上有李老师的影子，我内心十分欢喜。

我的改变源于"新基础教育"，我的专业再发展源于"新基础教育"。

这一切改变源于李老师一次次提供的学习成长平台、一次次用心的指导。今天只针对"讲"方面来追寻。记得第一次分享是2016年7月在上海的骨干班主任培训中，当时李老师提出这个想法，邀请我、丹尼、柳娟三人与他同台分享。那么高规格的培训，我心中还是有些担忧。心想：李老师就不怕我砸了他的场吗？我在怀疑自己的能力时，更佩服李老师的勇气。我何德何能可以跟骨干班主任们分享交流啊！我清晰地记得当时的自己是在紧张中度过了半个小时。会后，李老师对我说了一句话，现在还记忆犹新："小燕老师，对生态班级的概念讲得还不够清楚，深度不够。"我刚放松一些的心又再次紧张起来：天啊！我是不是真的砸了李老师的场啊？回去一定要研究透，生态班级如何更好地建立。

第二次是2016年7月在广东省第五届中小学班主任论坛上，这是一个更高规格的活动，那天我们光明团队成了整个会场的亮点，也给第二天讲课的老师带来了压力。我们讲完之后，会务组的老师马上召集第二天开讲课的老师说："今天家成教授跟光明的老师讲得那么好，明天你们要加油。"用柳娟的话说是：刷足了我们的存在感。我们是以六一节点活动从不同方面呈现、诠释如何开发学生的想象力的，当时的我依然紧张，讲台下面人山人海，而且都是大咖级人物。当时的自己不由自主地摆弄着麦克风，正如紧张得不知如何安放自己的手的小孩，而这一细节却被李老师看到了，李老师鼓励我说："小燕老师，这一次讲得比上海那一次好很多了，相信下一次会有更大的跨越，有一个细节，你需要注意一下，就是在台上的时候不要老用手去摆弄麦克风，这样显得不自然，声音传出来也会受影响。"此时，我心中一股暖流涌入，在我自己还没意识到自己的问题的时候，李老师已经看得一清二楚了，他在肯定我鼓励我之后，再给我提出建议，这是为师者多大的仁爱啊！于是，我暗自下决心，我要改变自己，我不能给李老师丢脸，我不能愧对导师的期待、帮助与指导。

　　回到学校以后，我请教林水副校长（光明区的金牌主持人）："我在台上，应该注意些什么？"林校的一句话，深深地刻在我的脑海里：心态决定状态。他还从如何走上台到如何站在台上，如何拿麦克风，一一给我示范，让我明白演讲和唱歌的拿麦方式是不一样的，分享和朗诵的用嗓方式是不一样的，找到方法之后，在家里我时不时地会拿着一个纸巾筒当麦克风，找持麦的感觉，第三次在成都的全国分享会上，我已超越自己，最起码我能淡定地站在台上面对着来自全国各地的老师们。走下台时，李老师笑着说："小燕老师，挺好的，这次讲得不错。"简短的几句话，让我更加相信自己能行。我想：这是评价的激励作用吗？李老师一次次地为我们搭建平台，一次次地鼓励，一次次地指导，让我们快速成长，遇见更好的自己。

　　我是一个粗线条的姑娘，平时大大咧咧的。工作上完成了任务，我就不想再回头多看一眼了，特别是自己写的文章，再看多两下就不耐烦，敲完字就想直接关电脑了。而李老师的严谨，再一次改变了我做事的方式。去上海发言之前，李老师让我们把课件交给他，他要审核一遍，所以我很认真地做好了课件。在广州论坛会议前，李老师要求我们交发言的提纲，会议前一天晚上，李老师召集我们开会，核对课件，检查是否有错别字，还斟酌着课件上的某句话是否合逻辑，我就是那个被揪出错字的人，而这个过程让我收获颇多，也让我明白何为严谨。也就是经过了这一次之后，我每次做课件都会再次检查、确认，经常会有稿1、稿2，最多的一次是稿15。我惊讶于自己从粗线条走向认真，追求质量。第三次在成都，同样是分享的前一天，李老师对我有了更高的要求，我一边对着稿子，一边对着电脑上的课件谈自己的构思，跟李老师讲自己的思维和分享方式。李老师却说："没有人喜欢在台上念稿的老师，这样倒不如把稿子发给人家看，小燕老师尝试着把稿子放边上，不要依赖稿子，因为稿子会左右你的思想。"于是我就尝试地强迫自己丢掉稿子，却在李老师和同事们的面前错误百出。一起陪我同去的老师说："李老师好认真，好严谨，对你要求也好高哦！"我笑笑不答，心中欢喜着，因为在这个过程中我已经把自己的思路厘清了。第二天上台前，我谨记林校长说的心态决定状态，我谨记李老师的要求，告诉自己我能行。而确实，我超越了自己。自从成都会议后，我站在台上，就再也不依赖稿子了，直到现在不用写稿子，这得益于我自己的努力，更因为有李老师的指导。

勇者无惧，经过李老师的推荐，我今年到珠海做了三个小时的分享。我惊讶于自己能淡定从容地表达，清晰有条理地分享自己的实践。我知道李老师很忙，不敢打扰。身边的名班主任钟杰老师，最能侃侃而谈，虽然她也很忙，但我能在下班时逮住她。我请教钟杰老师：三个小时的分享，我需要注意什么？钟老师告诉我："素材很关键，准备好充分的内容，这样才有话可说。有备无患，也就有了新的成长。"成长的感觉是美好的，那感觉会一直存在自己的心中，激励自己，鞭策自己。

"新基础教育"给人带来的改变，我在自己身上找到了答案：在一次次的实践中，做、听、说、读、写，会让自己的思路清晰，锻炼自己的思维能力、应变能力、思考能力与做事的能力，在做事的过程当中成就更好的自己。这应该是对成事成人的一种诠释吧！

感恩遇见"新基础教育"，感恩遇见李老师，感恩光明团队中的每一位同行者。

特别说明：我口中说的李老师，是上海华东师范大学李家成教授，我们总喜欢亲切地称他为李老师。

第三章

读后有感

阅读是提升教师专业能力的最快途径，是站在大师的肩膀上前行。汲取前人的智慧为己所用，结合实际问题去反思、总结，每一次的阅读都是一次提升，每一次读后感都会让我们在专业化成长的道路上走得更快、更稳。

导言导思

——读《家校合作手册》有感

深圳实验光明学校　林小燕

打开熟悉又陌生的书本，熟悉的是曾经读过这本书，陌生的是很久没有翻开这本书了。这本常读常新的书，引起了我的一些思考，导言中谈道："基于以上朴素的认识、切身的体验、真实的思考，我们相信，家校合作是创造未来的智慧——新的学校教育、家庭教育，新的学生发展生态，将在家校合作中诞生。"那么这些"新"又会新在哪里呢？是一个怎样形式的"新"呢？促成的是怎样的合作呢？是不是可以在原有基础上有更好的"新"呢？再翻开目录，寻找"新"的根源，会发现这些"新"是新在合作机制，新在家校互动，新在资源整合，新在相互滋养，新在自我意识的觉醒。也正是因为有这些"新"，才能如导言中写到的：生命的力量，将在合作中酝酿，生长；生命的伟大，将在合作中绽放光彩。

基于我自己所处的地区、所在的学校、所带的班级、所带的工作室需要怎样的合作，我做了一些不成熟的思考。

一、基于学生成长需要的合作

家校合作的核心是什么？我一直在思考，个人的看法是为了学生更好的发展，是基于学生成长需要的合作。但很多时候，这种合作是被动的合作，是单向反馈式的"合作"，例如：从学科老师的角度思考，老师反馈某孩子的作业没有完成，要求家长督促孩子完成。这算合作吗？我的理解是算，老师关注学生的学业水平，及时向家长反馈，引起家长的重视配合。但这是不是有效的合作，或者说，是不是基于学生成长需要的合作呢？这就需要打一个问号了。我们需要进一步地思考，深一步地了解孩子不完成作业的原因，找到家长的困难，对症下药，才能深层次地解决问题。从一个班主任的角度思考，怎样才能更好地架起家校合作的桥梁，让合作更有力量呢？那需要对每一个学生进行研究，知其然还要知其所以然。记得林进才教授说过一句话："让教育看得见。"很多时候，老师们的默默的付出，家长不一定看得见，所以，我们要做到的一点是，不但要真心为了孩子发展，还要让家长看到你的真心，看到你为孩子的付出，这样家长与老师才能相互理解，心理相容，更好地促进家校合作，真正地促进孩子的发展。

二、基于班级建设需要的合作

作为班主任，我经常思考我要带出一个怎样的班级，我如何联合家长和孩子一起建设班级，让班级富有生长的气息，让班级富有活力，结合班上孩子的特质建设班级，顺着孩子的特性开展班级活动。但在开展活动的过程中，我也会遇到各种各样的问题或新的挑战，如微笑班级的孩子们比较有自主性、创造性，沟通能力又比较强，家长们的配合度也非常高，有自己独特的见解。结合学生与家长的特性，我以活动促进生态型班级的建设，锻炼孩子的综合能力。而现在的蔷薇班级，更多的是需要学生先有行规意识，提升他们的组织力、领导力等，形成良好的学习氛围，打造学习型班级。我想我可以结合书中的案例进行思考，寻找新的合作之路。

三、基于多向发展需要的合作

每一个人都是发展中的人。基于终身学习理念，学校教育、家庭教育、社会教育每一项都不可忽视，因此，唯有家校间高质量合作，才是真正对孩子负责。但高质量合作是基于教师、家长的认知与能力水平的，书中谈到家校合作开展的方向、路径、方法、评估，以期为中小学教师、管理干部提供直接的参照。但我想强调的是此书也是给家长学习参照的好读物，也能提升家长对家校合作的真正理解。今天在与慧凌老师聊天的时候，她说想带着家长们共读这本书，我备感欣喜，因为我看到了双向发展在小太阳班中实现的可能性，也看到了慧凌的发展力量。我班同学杨洋的妈妈经常说的一句话是："对于教师而言，真正的志同道合者，存在于家长中。当大家都动起来，群策群力了，这个集体才叫厉害。有人说老师带的不是一个班，而是两个，一个是学生班，一个是家长班。"这样有发展意识的家长，将会在家校合作中绽放光彩。我现在带的班级，更需要的是提升家长和老师合作的能力与质量，只有这样，才能更好地促进每个人的发展。

借鉴导言中的一句话"愿教师与家长形成生命成长的共同体，为我们的孩子而合作，为未来而合作"，我想送给工作室的老师们一句话："愿我们三年的合作中，为我们自己的发展而合作，为我们的学生发展而合作，为我们的家长发展而合作，为我们的学校发展而合作，为教育发展而合作。相信我们一定能绽放光彩。"

再次感谢工作室老师们的信任。

家校合作，教师成长的新契机

——读《家校合作指导手册》有感

中山大学深圳附属学校　梁慧凌

> 在家校合作中，教师将因与家长的直接合作，获得更丰富的发展——不仅仅是专业发展，而且是作为一个完整的人的发展。
>
> ——李家成

今年是我当班主任的第六年，从青涩走向成熟，感恩路上遇到的同行伙伴——老师、学生、家长。家长是我成长路上的重要伙伴，从害怕接到家长电话，到主动找家长沟通交流，我走过了很长一段心路历程。一路的坎坷足以写成一首诗，谱成一支曲。

一、审视观念，转变思维

"身为专业工作者，教师应该是家校合作第一推动力的创生者。从孩子入学开始，教师就需要邀请、鼓励家长的教育参与，建立与其正式的合作关系，并用心经营、发展合作关系。"

作为一名90后新上岗班主任，我秉持的教育想法可能与传统班主任有差异。与"有些会不自觉地将自己作为强势的、占据话语权的、有着高度教育素养"，"把家长视为自己的对立面，或者把个别家长的言行举止、观念态度无限制地放大"的教师相比，我这名新手在上路时，却是诚惶诚恐，忐忑不安的。

记得我第一次接手的是一个一年级的班级，在孩子报道的第一天，我只在黑板上写了自己的联系方式和孩子报到需要提交的资料，其余的事情没有过多交代。第二天放学后，我的手机被家长打爆了。有家长让我帮孩子找丢失的玩具和水杯，有家长的孩子在学校与同学发生了摩擦，有家长甚至打电话来质问为什么不让他的孩子坐在前排。这些突如其来的问题，让我这个新手班主任措手不及。此间，除了与家长多多沟通外，我也四处向各位有经验的班主任请教。在多方努力下，我才终于走上了家校沟通之路。

作为家校合作的第一推动创生者，我认为：既不应站得高高在上，对家长指指点点，也不应畏惧与家长交流合作，只有端正家校合作的态度，转变家校合作的思维才能让新教师在家校合作这条道路上，快速上路，越走越远。

二、真情投入，收获尊重

"对于年轻教师而言，家长丰富的人生阅历就是一本无字之书，值得细细品读。通过在专业领域的合作，教师完全可能建立与家长间更直接的情感交流关系，家长也完全可能在教师的职业生活乃至全部生活中，成为有意义的帮助者。"

接手一年级后，我经常通过与家长面谈、网上联络等方式，了解孩子的基本情况。

每天放学把孩子送到校门口与家长交接时，我抽空跟家长聊一聊孩子的进步、新发现的一些问题等。家长也会及时向我反馈孩子在家的情况。一来一往中，我对家长和孩子的情况有了更深入的了解，家长对我也有了较为全面的认识。

前期的努力，在组建班级家委会时，有了显著的效果。家委会组建很顺利，家长们献计献策，共同努力。家委会作为领头羊，为班级活动开展贡献了许多好点子，出了大力气。在后续的班级活动开展中，家长们各展所长，如擅长活动组织的家长，带领家委会进行人员的管理和分工；有厨艺、会做糕点的家长在准备活动食材时，积极承担起了任务；有才艺、会表演的家长带领孩子们进行节目的编排；等等。

这期间，家长们对我的态度也逐步发生转变。从开始的质疑到后来的信任，再到一提起班主任时，就满脸笑意。这得益于我在一次次活动中的主动沟通、每天无微不至的关心，更得益于我坚持不懈的真心、真情投入。

三、沟通合作，激发潜能

"教师是相关家校合作活动的直接领导者：无论是组织一次家长会，还是组织家长参与到教学研讨活动中，或是促成班级家委会的建立与顺利开展工作，都需要教师具有高度的领导力。"

我的沟通、引导能力在一次次家校合作活动中逐渐增强。从一年级第一学期开始，我班内每个学期至少开两次家长会。一次是开学初报道的学生家长会，一次是期中家长会。两次家长会的召开，为家校沟通搭建了桥梁，同时提升了我的协调和沟通能力。比如会场的布置，从卫生的打扫到多媒体的调试、桌椅板凳的摆放、作业试卷的分发等，都需要我一一协调安排。再比如，会议主题的构想、流程的安排、通知的发放以及回收等，无不需要我亲力亲为。正是这些细节环节的推敲和磨砺，使我在沟通和协调上更加自如。

通过一次一次家长会的召开，家校合作活动的推进，我有了长足的进步。

四、整合提升，自我生长

"通过与家长的合作，教师能够感受到来自家长的直接期待乃至压力，整体上有利于教师角色意识的形成和发展愿景的积淀，进而能够意识到自我的有限性和发展的永恒性。"

与家长合作，新教师总是惴惴不安的。因为经验尚不足，无法应对部分家长最直接的追问与责备。"老师，我家孩子回家哭了，说在学校有同学欺负她。你今天必须要给我一个交代。"面对气势汹汹的家长，这时候新教师应怎么做？是支支吾吾推脱？还是非常强硬地反驳家长？我认为，两者都不合适。家长对孩子在学校的情况十分着急，说明家长关心在意孩子，教师应该换位思考理解家长的意图。

教师要做的，不是拒绝，而是整合与提升。在推动对话中，促成家长认识的转变与理解的深化，并促成教师自身原有的抽象儿童观向具体儿童观的转变。我们应通过家长的直接反馈，了解孩子的变化，相应地调整自己的教育理念和教育方法，促进自我意识的觉醒；在日常生活中，以实践为师，不断自我反省，以家长为师，不忘儿童立场，砥砺前行。

家校合作，使新教师迅速成长。新教师在与家长进行合作中，不仅能够发展自己的专业，还能成为一个更优秀的个体。

家校合作，成就你我

——《家校合作指导手册》导言后感

中山大学深圳附属学校　罗丹梅

在《家校合作指导手册》的导言中有这样的一句话——"长期以来，教师与家长间的关系远未达到'合作'状态"，对此我也深有同感。同为教育工作者，我们经常能够听到老师们说"加强家校合作"，让家长监督辅导孩子写作业，参加家长会、家校开放日、亲子运动会等，我们认为这就是"家校合作"。但这仅仅是冰山一角，在《家校合作指导手册》的导言中，关于"家校合作"，我读懂了新的时代背景、新的时代要求，有了新的理解，确定了新的出发点，以下是我结合自身经验做出的一些思考。

一、基于学生的发展需求

"21世纪的学生，已经需要更综合的教育力量和环境了。"作为一名"90后"，我时常感叹，现在的孩子跟当时的我们真不一样，无论是生活环境、家庭教育还是学校教育，他们的面前是更加广阔、复杂的世界，他们因此也有更强烈的好奇心以及更加迫切的发展需求，只有家校合作才能营造更加全面的教育环境，汇集更加强大的教育力量。随着时代的发展，教育已经不能仅仅依靠教师与学校。例如，想要让学生学习到中秋节的传统文化并感受节日蕴含的团圆之情，我们可以选择让学生背关于中秋节的古诗，也可以选择让学生与家长一起来学习，一起学习古诗，一起做月饼，一起赏月，让学生在团圆当中感受团圆，这才是无形而又有效的教育，而这其中，教师需要为学生创造这样的机会与途径，而家长则需要有意识地参与进来，教师与家长一起，为学生的发展做出努力。

二、基于家长的发展需求

谈教育，我们关注的大部分是学生的教育以及教师的发展，有多少人关注过家长的教育呢？在本学期第三轮班队新基础研讨中，梁慧凌老师的亲子阅读活动引起了我的思考，为什么一定要家长和孩子一起阅读呢？这样的活动意义在哪里？仅仅是为了加强亲子间的沟通吗？李家成老师的一句话点醒了我："活到老，学到老。"亲子阅读活动的意义不仅仅是为了孩子的发展，也是为了家长的发展，家长也可以通过阅读和孩子一起成长。同理，家校合作的意义，也不仅仅是为了学生的发展，还为了家长的发展，教育者除了致力于培养更加优秀的学生之外，还应关注培养更加优秀的家长。林小燕老师说过一句话，让我们都很感动，她说："我每周末去参加亲子活动培训，不是为了成为更加优秀的班主任，而是为了成为更好的妈妈。"随着时代的发展，家长面临的教育挑战也在不断改变，因此，家长也需要得到再教育，家长也需要得到发展。

三、基于教师的发展需求

今年是我担任班主任的第四年，现在的班也是我带的第一个班级，即使是到现在，对于如何与我们班的家长进行沟通、合作，我还是经常感到困难、疑惑，刚开始的时候甚至不愿意去接触家长，总认为学校的工作教师自己完成即可，尽量不麻烦到家长，既高效，又能省去一些比较麻烦的人际交往，但长期下来，在班级管理上我渐渐地感觉到吃力，与家长的沟通缺乏，也减少了我对班里孩子的了解，渐渐的，我成了"井底之蛙"。一旦教师成为"井底之蛙"，那么学生也将得不到全面的发展，因此，每个教师，特别是班主任，都应该了解清楚自己的学生，而家长便是重要的教育资源之一，只有抓住这个资源，学生才能得以成长，教师才能够得到发展。

"新的学校教育、家庭教育，新的学生发展生态，将在家校合作中诞生。"家校合作并不仅仅存在于正式的教学活动中，我们可以从学生生活中的方方面面看到，在这个过程中，学生的成长固然是最重要的，但也离不开家长、教师的成长，因此，希望我们能够一起为你我生命的成长而共同努力。

家校共育，绘就教育蓝图

——《家校合作指导手册》读后感

深圳市光明区公明第二小学　叶文婷

非常感谢小燕老师给我们搭建了促进班主任成长的平台，作为一名从教六年的班主任，名班主任工作室于我而言是舞台，更是机遇。一种情怀，几个伙伴，影响了班级几十个孩子的命运。虽然班主任是世界上最小的官，但却最重要。相信在小燕老师的组织带领下，我们能携手共进，加强自身的学习与修养，在教书育人的光辉事业上谱写精彩篇章，遇见最美的自己！

教育是一项极其复杂而细致的系统工程，需要学校和家庭紧密配合，通力协作。家校合作一直是教育工作的重中之重，要开展班主任工作首先离不开家校合作。正如《家校合作指导手册》导言所说："家校合作是创造未来的智慧——新的学校教育、家庭教育，新的学生发展生态，将在家校合作中诞生。"那么我们班主任该如何进行有效的家校合作呢？针对这个问题，我有以下几点看法。

一、设立教学开放日

李家成教授说："家校合作不是单向的过程，而是双向的互动。"我十分认同他的观点。一般情况下，都是老师联系家长反映孩子在校的情况，"有问题才找家长"成了单一输出的过程，家长根本无法真正了解学生在校的学习情况。上个学期，我们学校面向家长、面向社会发出了一封邀请函，邀请全社会来参加学校的教学开放日。将大家"请进来"，更能让家长们全面了解学校的教育教学理念，全方位掌握孩子在校的学习生活情况，有效地促进家校合作，促进孩子健康成长。

对于学生家长而言，教学开放日是一次重返校园的体验，家长们走进课堂，和孩子们一起聆听老师上课。课堂上，老师们或循循善诱，或创设情境，妙语连珠，孩子们在老师的引导下互助合作、快乐学习。与孩子们同上一节课，促进了家校合作与沟通，能让家长切实了解到孩子的学习实际，拉近了亲子关系，同时让家长对学校的"成就一生好习惯"的教育理念有了更深入的了解。而家长在教学开放日结束后，能畅所欲言，将自己的所见所闻所感表达出来，还能对学校管理和老师的教学工作提出许多宝贵的意见。

对于学校而言，整个教师队伍在教学开放日当天都会以饱满的工作热情和谦虚严谨的治学态度喜迎八方宾客，呈现出学校先进的教育理念和管理方式，展现学校教师良好的教学水平和学生积极向学的精神风貌。在教学开放日之后，学校将继续关注孩子全方面的发展，秉持特色的"成就一生好习惯"办学理念，深耕课堂教学，不断充实学校教育的内涵，同时引领家庭、社区教育的发展。

二、召开家长会

有人说："学校和家庭教育是一对教育者，不仅要一致行动，而且要志同道合，抱着一致的信念，始终从同样的原则出发，无论在教育的目的上还是过程上都不要发生分歧。"召开家长会是进行家校合作的一种有效途径，也是学校工作的重要组成部分。召开家长会，有效地架起了学校与家长沟通的金色桥梁，拉近了学校和家长的距离，融洽了教师和家长们的关系，对孩子的发展起到了良好的促进作用。相信在家长们的配合和老师的共同努力下，孩子们一定会更加健康快乐地成长。

家长会最好不是班主任的一言堂，而是要让家长发言。家长不应只是听众，他们不是旁观者，他们是班主任应充分协调和利用的教育力量。因此，在开家长会时，家长只处于被动"听"的位置是不可取的，家长之间也可以有一个良性的沟通交流的过程。每次期中考试过后，我们学校都会举行家长会，我趁此机会将班级管理中遇到的问题在家长会上提出来，与家长协商，群策群力，共同探讨，结果往往大有收获。另外还可以向家长询问他们对学校各项工作的意见和建议，会后我将这些意见和建议记录下来，有助于完善学校工作。我认为，通过开好家长会，加强学校与家长的沟通与合作，教育家长认识、发现孩子的身心发展规律，引导家长学会教育、善于合作，真正与学校和班主任一起形成教育合力，可以更好地为学生的成长、发展保驾护航。

三、家访

家访，对教师来说并不是一个陌生的词语。作为联系家庭与学校的一座至关重要的连心桥，它发挥了无可替代的作用。有人说，最好的教育是家庭与学校的完美契合，而家访就是将两股力量凝聚在一起的黏合剂。可如今传统的登门式家访正逐渐被手机、网络沟通替代，便捷的同时，少了面对面的温暖。因此，我认为登门式家访不能被抛弃。爱，在家访的路上延伸，架起一座座心桥，如同冬日暖阳，师爱的质感格外温暖。

家访能让教师更及时全面地了解学生学习和生活的情况以及思想动态，让每一个学生即使不在学校也能继续感受到学校和班主任的关爱。我时常利用下班时间，抽空到学校附近的学困生家中走一走。通过走进学生的家，我能更直观、更全面地了解学生的家庭状况、学习环境，了解到许多在学校看不到的东西，认识更具人性、更真实的学生。通过与学生、家长的沟通交流，可以进一步了解每一个学生的个性特点、在家的表现和学习习惯。我耐心倾听家长对学校和老师工作的反馈和建议，了解到家长的要求和教育方法，从而对症下药，做出调整和改变，也为今后的教育教学工作奠定坚实的基础。

家访能让家长和老师彼此进一步了解，增强互信。面对面的沟通交流，更能让家长认识到教育的重要性，从而帮助家长树立起正确的教育观念，解决家庭教育方面的困惑和难题。这使家长既增强了教育孩子的信心，又增强了对教育的责任意识；这既提高了家长对学校和老师的信任度，又能使家长主动参与到学校的教育教学管理中来，更加积极地配合学校老师携手共同做好学生的教育工作。

苏霍姆林斯基曾说过："没有家庭教育的学校教育和没有学校教育的家庭教育，都不可能完成培养人这样一个极其细微的任务。"对于学校来说，家校合作就是学校教育得以重生的力量；对于家庭来说，家校合作就是家庭生活教育品质提升的重要前提。因此，我认为家校合作是一个需要学校和家庭双方用心沟通、双边联动、双向发力的过程。这个过程也许艰巨漫长，却能成就孩子的一生。为了学校的未来，为了学生的未来，为了每个家庭的未来，让我们家校携手共育，共同绘就教育蓝图！

家校合作，打造学习共同体

——读《家校合作指导手册》有感

深圳市光明区光明小学　曾旭红

愿教师与家长形成生命成长共同体，为我们的孩子而合作，为未来而合作。

——《家校合作指导手册》导言

家校合作，对于德育工作者而言，是一个古老的话题。然而在21世纪这个信息化的世纪里，在"终身学习"的背景下，家校合作被赋予了更多的内涵。李家成老师在《家校合作指导手册》导言里谈道："唯有家校间的高质量合作，才是对孩子负责！"但什么样的合作才是"高质量的合作"？结合我们一直在开展的新基础教育班队活动，我想我们可以从以下三个维度去丰富家校合作的内涵。

一、转变家校合作的意识

传统的家校合作，更多的是家、校之间的沟通与交流，即教师与家长之间的直接对接。而孩子，原本是家校合作的桥梁，却往往在家校沟通的过程中处于被忽视的尴尬境地。而"21世纪的学生，已经需要更综合的教育力量与环境。他们有着新的发展基础；面对更具挑战性的环境与发展需要，也有着更为复杂的发展机制"。

因此，在"互学共长"的教育理念下，孩子们"不仅仅成为家校合作的受益者，也成为家校合作的推动者"。例如，我们小太阳中队开展的"亲子跑跑团"活动，立足于孩子们的运动需求，由孩子们去发动家长来参与班级的跑团活动。在活动的发起阶段，作为班主任的我，并没有直接对家长做任何的鼓动宣传，只是发放了问卷，调查了家长们对这项活动的意见，并就家长们的意见与孩子们沟通交流。交流完后，孩子们便开始想尽各种办法去鼓动爸爸妈妈陪伴他们去跑步，并且请求爸爸妈妈坚持到群里打卡。而我则利用班会课的时间，定期将四个跑团的跑步活动情况在班里展示，并对坚持跑步和打卡的孩子，给予大大的鼓励。个体影响个体，学生带动家庭，家庭带动班级、社区，优质资源得到不断地放大。

二、拓宽家校合作的渠道

"21世纪的学校，已经不能再关门办学了。学校教育工作者不仅仅要把家长视为学生的第一任教师、学校相关工作的支持者，而且必须将家长引入学校办学的全领域，以极为丰富的家校关系，充实学校教育的内涵，同时引领家庭、社区的发展。"

因此，我们在开展家校合作时，不再局限于传统的被动、单线的指导模式，而以"双向互动"的合作模式引导家长参与班级生活，让家校合作成为"主体之间在相互了解和尊重基础上的共事，而不是单方面的行为"。"双方在合作中，实现了新事物的诞生，如新的学生活动、新的学生作业等。"比如我们学校一年级的"午间课程"，利用教育缝隙时间，引入家长资源，在家长自主选择的前提下，由家长来组织午间课堂，形成具有学校特色的午间课程，包括课程项目、课程组织人员、课程活动要求等；比如我们班级开展的"亲子跑跑团"活动，也为家校合作搭建起一条新的兴趣桥梁。

三、形成家校学习共同体

"家校学习共同体，就是以学习为逻辑起点，以学校和家庭中所有成员发展作为终极目标，以共同愿景、平等尊重、自主合作、共学共享为表现形态的学习型组织。它将学习视为持续的、积极的必备过程，是一个推动学校、家庭所有成员持续学习和不断成长的过程。"

"21世纪的家长，已经在基础素养、教育期待、教育意识与能力、教育权利与责任等方面，出现了质变。他们有着参与学校教育的强烈意愿，也同样期待着学校教育工作者对其家庭教育的专业性影响。"因此，家校命运息息相关，形成"家校学习共同体"，不仅是教育工作者发展的需要，也是家长们的心愿。而这样一个"学习共同体"，是基于孩子的成长，是"为了孩子"，因此"唯有家校间的高质量合作，才是对孩子负责"。

我们将在《家校合作指导手册》的指引下，以书中呈现的"家校合作开展的方向、路径、方法、评估"，去摸索班级家校合作的模式，并创生一系列的班级活动。让我们的孩子、家长和老师，"在家校合作中成长，走向新的生命境界"！

家校合作：打开教育的另一扇门

——读《家校合作指导手册》后感

深圳市光明区李松蓢学校　陈家琪

还未拿起《家校合作指导手册》的时候，当了三年班主任的我心存疑惑：家校合作不是最简单的事情了吗？我没有看过此书，我也知道作为老师要与家长们沟通，要开家长会，要不断地和家长们打交道呀。然而翻开此书，仿佛在我面前打开了教育的另一扇门，我才知道，家校合作的内涵和外延可以是那么的广阔，内容还可以那么的丰富，形式竟然有这么的多种多样……身处不同的地区、学校，全国乃至世界各地的老师们在不断地对家校合作进行着积极的实践和探索。我的孤陋寡闻令我汗颜，同时，我如饥似渴地汲取着书里很多有价值的观点，浏览有创造性的实践探索，并且思考在今后的实践中，我自己是否也能做一些类似的探索。

通读了全书，我想以本文作为自己的读书整理，从什么是"家校合作"、为什么要进行"家校合作"、如何进行"家校合作"三个方面来分享我的读后感。

一、真心合作，真实发展

学习家校合作，要从研究什么是真正的"家校合作"开始。教师在日常的工作中，常常需要与家长们打交道，但是不是所有的家长、教师之间的交往都是"家校合作"呢？书中提出了"假合作"概念——当教师单向地传递信息，而没有获得家长的反馈时，这不是合作，而只是"通报""告知"。另外，被迫无奈状态下的参与，如教师被迫去家访，或家长被迫去学校参与相关活动，都是"假合作"。"真正的家校合作不是单向的过程，而是双向的互动；家校合作不仅仅是双方的奉献，更是生成与发展；家校合作是全面的，而非单一领域或维度的合作。"书中对家校合作意蕴进行阐述的这样三句话，批判了形式主义的做法，颠覆了我们以往对家校合作的浅层次理解。确实，书中引用的实例都是扎实进行家校合作的生动体现，是家校合作主体之间的诚心诚意、相互尊重，并且在共同实践中，摸索出丰富的形式和内容。

二、共育共生，互助成长

进行家校合作的缘由取决于教育的对象——学生。学生是一个个完整的个体，他们有独立的人格，而这又和他（她）的家庭联系在一起。学生是独立的、完整的人，为了对学生进行完整的、有针对性的教育，面对学生时，教师不能只看到眼前的学生，更应该看到他（她）背后的成长环境，其中包括他（她）的家庭。在《家校合作指导手册》中，进行家校合作不是一个被动的选择，而是基于对家校合作所能创造出的教育价值的认知。在第一章"当代内涵：家校合作，机制创新"中，作者总结出家校合作的三点价值：一是家校合作让孩子成长为完整、丰富的人；二是家校合作以另一种方式促进教师发展；三是家校合作是学校发展的新力量。可以说，家校合作绝不仅是"有必要而为之"，更是我们开拓更丰富教育世界的一扇大门，门里资源丰富，孩子的成长、教师的发展乃至学校的建设都可以从中得到裨益。而除了作者总结出的孩子、教师和学校三个获益匪浅的主体外，家长群体也能从家校合作中得到很多成长与提升体验，譬如在加深对孩子教育的参与程度过程中，他们也在学习、提高，同时获得更高质量的亲子生活体验。

在一次劳动节的活动中，我鼓励家长和孩子一起准备活动汇报展示的内容，而我则在本次汇报展示活动中担任"幕后导演"的角色。起初，家长们纷纷以各种理由推脱——"我实在不知道怎么操作，这电脑、PPT我从来没有接触过啊……""孩子说要设计台词，我们几个大人和几个孩子在一起，想了一个晚上都写不出来啊……"初次参与到班级活动中的家长们如是说。初次涉足陌生领域，人总是难免产生畏难情绪，于是我开始对学生和家长给予不断的鼓励和肯定，每当他们取得一点成绩、突破，或者是付出了努力，我便在班上加以宣传和表扬；同时，在具体操作上也及时予以指导。终身学习是这个日新月异的时代对所有人的要求，家长们在这次亲子活动中，也体会到了面对困难时的烦恼和攻破难关的快乐与成就感，作为指导老师，我也在本次活动中丰富了与家长合作的经验。

三、见贤思齐，且思且行

有人说，世界上最远的距离是从头到脚的距离，是从知道到做到的距离。本书最令人惊叹的地方，绝不仅是理论的创新，而是实践的探索，是一个个来自各个学校的鲜活案例。这些家校合作的案例每一个都值得深入研究、仔细学习，它们从家校合作的不同方面着手，提供了家校合作宝贵的经验，既有对合作过程的详细阐释，又有总结与反思，更有对进一步探索空间的挖掘。在"环境保护：成长护航，安全无忧"一章中，学校积极邀请家长参与到学校的食堂安全检查中来，来自家长的一份"食堂卫生安全建议书"使家校之间达成共识，很多有价值的食堂整改意见被学校采纳，很快促进了学校食堂卫生安全的进展。前不久，新闻上陆续曝出有幼儿园出现食品安全问题，引发了家长们的恐慌。这样的社会舆论会加深家校之间的误解，导致家长不信任学校，在出了诸如食品安全问题之类的事情后，家长们的怨愤往往难以平息，如某地幼儿园，家长无意中发现了食堂冰箱中的一块变质的猪肉，园方解释这是要退货的肉，但是家长们无法接受这样的解释，矛盾一触即发。造成这样的局面，除了园方对食品安全的麻痹大意之外，更是家校之间信任的缺失。《家校合作指导手册》中这一案例有着深远的意义：学校勇敢地让家长代表走进学校食堂，诚挚地聆听家长的声音，虚心地纠错、整改，在这样的过程中，在深入了解与参与的前提下，家长对食堂的食品安全比较放心，家校之间坚固的信任之桥就建立起来了。

另一个十分打动我的案例是第六章的"学校决策：现代管理，过程参与"。在家校合作的过程中，所谓的"合作"常常倾向于教师占据主动地位，而家长角色则相对被动，这可能是因为在教师的潜意识里，家长不是专业的教职人员，他们没有经过长期的学习与训练，在教育孩子方面有时会出现偏差，甚至需要教师去指导，在文化素质方面也是参差不齐。然而，本书的这个章节却告诉我们，家长也可以参与学校的决策！书中指出，学校邀请、组织家长参与学校决策，可以从家长参与日常教育教学保障类决策、参与课堂教学改革类决策、参与课堂教学内容设计类决策、参与评价教师类决策和参与规范或规则的制订类决策等方面展开。令人意想不到的是，家长参与学校的管理与决策，竟然可以为提升学校内涵、教育品质带来惊人的效果。例如，案例学校"家校合作管理委员会"的一名孩子的妈妈，从忐忑不安地选择了这所学校作为女儿就读的小学，到深入参与家校合作后，目睹家长们对"好学校"的价值判断和立场发生的转变。案例学校引进家长决策的做法创建了一种新的学校生活形态，"越来越多的本地学生不再舍近求远，盲目择校"，学校开放的意识、民主的氛围、科学的引导改变了社会、家长对学校原有的偏见和误解，巩固了周围居民对学校的信任。

孔子曾说："独学而无友，则孤陋而寡闻。"在教育的路上，我们有前人坚实的肩膀，更有全国"新基础教育"共生体的同人们，他们在基础教育改革上，从未停止脚步，而他们留下的足迹，印证着中国教育自己的探索与创新。《家校合作指导手册》打开了教育的另一扇门，使我们在班主任工作领域中，在教师的教学中，在学校的发展中，又有了新的思路、新的启发、新的指引，这正是进无止境、学海无涯呀！

多些陪伴，有助成长

——读《家校合作指导手册》有感

深圳市光明区光明小学　苏淑兰

家长忙于工作，忙于生活，陪伴孩子成长时间少，也是可以理解的，但是孩子是多么希望家长在成长路上能给他们多些陪伴。因此，家长们在忙碌之余多抽些时间陪伴孩子，多抽些时间参与孩子的学校活动，不错过孩子成长的美好时光，是值得提倡的。

书中第86页提出：家长参与学校学生活动有助于补充、拓展、深化教育活动的内涵，有助于家长重新发现孩子，有助于促进亲子关系的和谐，有助于增进综合性的亲师交流。学校学生活动，有了家长的参与，无论是形式还是内容，无论是兴趣还是教育，都令孩子、老师、家长难忘。

一、多些陪伴提供沟通的机会

书中86页提道：由于现代社会竞争的日趋激烈，年轻父母大多把精力用在工作及不断学习、提高上，亲子间的接触不再像往日般频繁，与孩子共同游戏的时间更是明显减少。这种现象在我班学生家长身上也时有发生，有家长经常反馈孩子上了五年级很难沟通，不听话，嫌家长烦……。对家长的这些烦恼，我对班里的学生也进行了谈心、调查。孩子们说道：我爸妈很忙，很少有机会见到他们，可是他们有空的时候只会唠叨我，我觉得很烦，我很想爸爸妈妈能多些时间陪伴我，我们可以多些沟通。有这样想法的孩子比较多，我想若家长能倾听孩子的这些话语，也许孩子与家长之间的矛盾会少些吧。

二、多些陪伴增进互相理解

只有多些接触的机会，才能进一步地互相理解，大人们大概都能懂这个道理。对于孩子来说，不也是这样吗？班里的赵同学经常跟家长吵架，不听话，不爱学习，对电脑很感兴趣，所以家长会选择打骂的方式教育，这是家长反馈的信息。我把孩子找过来了解孩子在家里的情况，问他怎么跟父母相处，得知他的父母很少在家，孩子自己一个人在家很无聊，有些时候还害怕，不想学习，想上网度过时间。孩子说完，我一阵难过，孩子一个人在家，是多么孤独，多么无助，孩子多么希望家长能陪伴孩子，也就能理解他现在的这个状况。与家长和孩子的聊天，给了我很大的触动：多些机会陪伴，才能增进互相理解。

三、多些陪伴带来彼此的自豪感

我班的舒同学，爸爸在北京工作，能陪伴他的时间和参加学校活动的机会很少，可是孩子很希望爸爸能多些陪伴，多参加学校的活动。本学期的班级第一次家校活动，恰逢国庆前一天，舒同学的爸爸从北京回来，参加了这活动，孩子笑得多么开心，多么自豪，兴奋得都要蹦起来了。因为亲子关系的缘故，家长会非常在乎自己孩子的感受，当孩子很希望家长能参与活动时，这样的传递是一种高效的策略。

单丝不成线，独木不成林

——读《家校合作指导手册》有感

深圳市光明区李松蓢学校 张丽思

苏霍姆林斯基曾说过："只有学校教育而没有家庭教育，或只有家庭教育而没有学校教育，都不利完成培养人这一极其复杂的任务，最完美的教育应是两者的有机结合。"最近，我拜读了李家成、王培颖两位教授编写的《家校合作指导手册》，对这句话深有感触。

身为教师，没有谁能够比我们更能深刻体会家校合作的重要性。学生在学校里的一举一动、一言一行无不透露着家庭教育的影响，从学生身上可以看到家长和家庭的影子。"家庭是人生的第一所学校，家长是孩子的第一任老师"，每一个学生都是先接受家庭教育，后接受学校教育，终身接受家庭教育。学校教育接力家庭教育，家庭教育配合学校教育，两者相辅相成，相互促进，从而使学校教育更加温馨、更为给力、更富成效。

这是我工作的第二个年头，也是我当班主任的第二年。我深深地感受到教育不是老师一人的独角戏，而是和家长、学校、社会等各方面力量一起合作的多幕剧，老师和家长则是这部戏的主角。身为班主任，可以说每一天我都在进行着家校合作：在班级家长群里发布学校和班级的通知，利用手机、微信、QQ等方式与家长反馈沟通，与家委共同处理班级事务，约家长到校面谈。

写到这，我脑海中突然闪现我们班赵小华（化名）同学的身影。

一、问题初现，及时沟通

小华是我班的体育委员，他阳光活泼，精力充沛，上课总是积极举手发言。可是有一段时间，连续几天他上课总是无精打采，双眼无神，经常发呆。发觉他的异常，我立即找到他了解情况。

经过一番了解，我才会知道他正为考试成绩而伤心！这说明他在乎学习，有积极向上的心的嘛！我只要稍加引导，给他鼓励和信心，这个问题立马就会迎刃而解。

二、问题重现，家校联手

经过这次和小华的谈话，我以为小华的情况能够好转。没想到第二天小华还是老样子。我去问了其他科任老师，得知他最近各科的学习状况都不太好。

于是我拨通了小华妈妈的电话，向他妈妈了解情况。他妈妈告知我们，小华骗父母要用手机学习，结果偷偷打游戏，买游戏装备花了两千多元！

了解了大概情况后，我安抚了小华妈妈的情绪，并跟她商量了下一步的做法：

（1）再次跟小华沟通，引导他认识这种行为的错误性，并让他知道赚钱不易，两千多元不是小数目。

（2）对小华严加看管，不能让他再碰手机游戏。

（3）多关心小华，帮助他树立起学习的信心。

跟小华妈妈沟通完后，我又再次找到了小华，就玩游戏这件事重新和小华进行了沟通。小华态度诚恳，主动承认了错误，并表示不会再玩手机游戏。

三、问题升级，重点突破

在跟小华沟通的过程中，我发现了最重要的问题是小华根本意识不到父母挣钱的辛苦，觉得两千多元花了就花了，丝毫无内疚之感。于是等小华爸爸回来后，我在办公室约见了小华爸爸。

小华爸爸告诉我，在他回来之后又跟小华进行了沟通。小华写下了保证书又制订了学习计划。这段时间确实有在执行，就是两千多元钱是要不回来了，他们也不打算追究小华的错误了。

听到小华的改变我很欣慰，可是我心里一直放不下两千多元钱的事。我们班大部分的家长都是外来务工人员，平时在工厂上班非常辛苦。而我们班大部分同学都不能体会到父母工作的艰辛，缺乏感恩父母的教育。怎样才能利用这件事让小华乃至全班同学体谅父母，认识到挣钱不易呢？

于是，我在班上召开了以"感恩父母"为主题的活动。其中有个环节就是"打工初体验之我陪爸爸妈妈去上班"。在征得父母的同意及确保安全的情况下，让孩子跟着爸爸或妈妈去上班一天，在这个过程中通过亲身体验，切实体会父母工作的不易。

课下，我找小华谈话。经过一番劝导，小华不说话了，慢慢低下了头……

四、问题解决，收获惊喜

后来，小华妈妈告诉我，小华回去很内疚地跟他们道了歉，做家务做得更加勤快了，学习也更主动了。

小华的例子就是家校合作最好的例子。如果老师没有跟家长反映孩子的问题，家长也不配合老师进行教育，那小华的情况可能会持续恶化，学习成绩将会一落千丈。老师和家长是世界上最真诚、最坚定的盟友。他们的目标无比坚定，那就是一切为了孩子，为了孩子的一切。

习总书记曾说："不论时代发生多大变化，不论生活格局发生多大变化，我们都要重视家庭建设，注重家庭、注重家教、注重家风。"家庭教育的地位举足轻重，但仅有家庭教育是不够的。学校教育不同于家庭教育，其职能的专门性、组织的严密性、作用的全面性、内容的系统性、手段的有效性、形式的稳定性与家庭教育构成了有机互补，从而保证了学校教育的高度有效。因此，家庭教育与学校教育必须联合起来，形成一股强大的教育力量，切实为学生的发展奠定坚实的基础，真正实现"一棵树摇动另一棵树，一朵云追逐另一朵云，一个灵魂唤醒另一个灵魂"。

让阅读成为习惯

——读《朗读手册》有感

深圳市光明区东周小学　缪志娣

犹记得几年前有个同事向我推荐吉姆·崔利斯的《朗读手册》，当时兴之所至，想即刻拥有，在当当网上搜寻却被告知无存货，只好扫兴而归。这件事随即被渐渐淡忘。前段时间，偶然见到某同事桌上有这么一本《朗读手册》，曾经的渴望被唤醒，兴致勃勃地借来，如饥似渴般读着。这本书我读得很慢，毫不夸张地说，那是字字锥心，句句刺骨；读得我头涔涔，泪潸潸，后背发凉，心惊胆战。这本书是如此发人深省。

一、重拾朗读，打造家庭阅读时光

史斯克兰·吉利兰在《阅读的妈妈》中说道："你或许拥有无限的财富，一箱箱的珠宝与一柜柜的黄金。但你永远不会比我富有，我有一位读书给我听的妈妈。"仅绪论中的这句话就重重地捶打着我的心。想起我这几年是如何为人母，为人师的，我就很惭愧。我虽为女儿读书，却只坚持了一年多，之后总是断断续续。教她认识了一些字，就开始奢望她从此可以自主阅读。虽然那段时间我给女儿读了一千多本绘本，能够感受到她的词汇积累、语言表达都明显优于同龄人，这让我有点沾沾自喜。然而，没有持续阅读，已养成的阅读习惯、已达到的语言表达水平就渐渐看不出优势来了。

《朗读手册》中建议要在家里落实"3B"（即书籍Books、书篮Book Basket和床头灯Bed Lamp），这是非常好的建议。购买适量的孩子喜欢阅读的书籍，让孩子能够自主选择，让孩子能够轻松愉快地走进书的世界非常重要。书篮需要放在最常使用到的地方，把书放进书篮里，孩子想要阅读时能随时拿来阅读。在这里，不是说要到处摆满书篮，我们可以把书放在床头柜或进门的开放柜上，或是放在餐桌前与厕所旁等，凡是可以让孩子经常看到，轻松拿到的地方都可以适量摆放孩子喜欢的书籍，开启书籍潜移默化的影响。床头灯的使用也是因人而异，如果可以被允许晚一点睡，大多数孩子都很开心的。睡前这段时间是非常有利于孩子养成阅读习惯的，这段时间带着孩子朗读一会儿，是非常不错的体验。

常说21天养成一个习惯，现在我重新拾起给我女儿朗读的行囊，坚定地向前走。同时，我们邀请孩子的爸爸一起朗读。最近，我们家每天晚上临睡前，小孩都会拿书过来主动要我给她朗读，其他家人也都乐于加入朗读的行列。这种氛围，真的很温馨，也很可贵。

二、持续阅读，打造班级阅读时光

之前，我在班上一直都在推行阅读，每晚都会布置一点阅读作业。可想而知，真正做的孩子有多少个，因为阅读是很难量化考核的。有些学生甚至扬言："老师布置阅读作业，就相当于没有布置作业。"我听着，心中甚是无奈。虽然知道孩子们都没有持续阅读，我却别无他法，只能在课堂上推动孩子们阅读一些文章。据我观察，孩子们读的书真的是五花八门，比较受欢迎的有《斗罗大陆》系列书、《怪物大师》系列书等，总的来说都是比较粗浅，以情节为导向的书。我也推荐过一些经典书籍让孩子读，可孩子们读来意兴阑珊，无疾而终。我心里想着，孩子们读那些系列小说总比不读来得好，于是也就不再禁止。

读了此书之后，我深觉相见恨晚，此时我带的这届学生即将毕业，我心中纠结，要不要开始给孩子们朗读呢？迟到的阅读总比不读好吧。于是，我开始利用早读前的十分钟在班上展开朗读，我首选冯骥才的《俗世奇人》。试了两三天后，效果真的很好，这本书真的很适合朗读给孩子们听。看着孩子们聚精会神地聆听，我的心被深深地触动了。虽然离孩子们毕业只有一个多星期了，但我仍然想要给孩子们朗读，哪怕只是种下一颗阅读的小种子，也是值得的。

三、坚持默读，打造修身养性之道

当下流传着这样一句话："最可怕的教育是一群不读书的教师在拼命教

书，一群不读书的父母在拼命育儿。"我个人非常认可。为人父母，为人师表，理应广泛地阅读，持续地阅读，这样才能知道如何引导孩子读什么书，怎么读书，才能针对不同的书，进行讨论，升华。

比如，《斗罗大陆》系列小说在学生中已经流传了很多年，我曾经随意翻看了一下，觉得这部书很低俗，很没内涵，于是在班上开始禁书。某天，我突然间意识到，这部书屡禁不止，究竟是哪里吸引着孩子们呢？于是，我拿来好好读了一番。这部书确实是以情节为导向，读了开头就能预测到结尾，可这本书也有很多可取之处：宣扬个人不懈奋斗，追求成功；宣扬团队协作，共同进退；宣扬不畏艰难，迎难而上；等等。孩子们在读的过程中一样能够积累丰富的词汇，有利于养成终身阅读的习惯，因此老师也应该清楚孩子们读的书，这样和孩子们才会有共同语言，才能在适当的时机里讨论、点拨、引导。

我们除了阅读当下在孩子们中流行的书籍，还应该读专业书籍，也要读经典作品。"苟日新，日日新，又日新。"读书就是常读常新，我们应该终身阅读，以此修身养性，厚积薄发。

《好妈妈胜过好老师》读后感

深圳市光明区公明中学 石敏婷

引言：作为一名老师，如果连自己的孩子都教育不好，又如何教育好那么多的学生。

作为一名中年女老师，孩子在叛逆期，自己在更年期，所带初三年级升学压力大，这些因素杂糅，让我作为一名老师、一名妈妈，对自己的教育水平产生了严重的怀疑。

今年在工作室的带领下，我有幸读到了《好妈妈胜过好老师》这本书。书中很多教育观点让我感触颇深，我也尝试把这些做法运用到教育儿子的过程中，发现收获颇丰。这本书不仅让我了解了现在的孩子，也让我第一次审视自己作为妈妈的欠缺，也帮助我重塑了教育教学的信心。

结合家庭教育和学校教学的实际情况，我将从三个方面谈谈我的体会。

一、"不陪"才能培养好习惯

本着陪伴教育的原则，在我儿子乐乐小时候，我对孩子的很多事情都是全程参与的。但随着时间的流逝，我发现孩子眼里出现了反感，我也感受到了其他小朋友异样的眼神。更让人忧虑的是在陪伴的过程中，我自己的事情被耽误了，孩子也养成了过分依恋我的习惯。乐乐做什么事情都不独立完成，等着妈妈帮助。后来，孩子越来越大，我发现孩子从骨子里是不喜欢家长这个"监工"的，最多表面上暂时屈从。我意识到陪孩子写作业，不是在培养孩子的好习惯，而是对儿童自制力的磨损。基于以上认识，我们在孩子上了小学后，只

99

在最初几天，在旁边给予他一些指导和提醒，让他尽快熟知一些基本的规则和做法。后来就没再管他——既不陪写，也不刻意检查他的作业，最多提醒他一句：该写作业了。

在孩子成长的过程中，对于孩子偶尔所犯的小过失不要大惊小怪，内心要坚定一个想法：它只是个"小事"，不是"错事"，孩子的成长需要经历这些"小事"，它们甚至比做功课还重要。而对于这些"小事"，只要鼓励孩子改正就可以了，也不要经常提起，不要让孩子有内疚感和负罪感，否则它们会变成孩子难以改正的缺点。在培养孩子习惯的过程中，如果总是制造孩子的主动性和成就感，他就会在这方面形成一个好的习惯；如果经常让孩子有不自由感和内疚感，他就会在这方面形成坏习惯。

二、不做穿西装的野人

乐乐是个活泼调皮的孩子，有时为了玩游戏，会撒谎欺骗爸爸妈妈。作为老师，我认为这是十分严重的品德问题。当我把他所有"罪状"一股脑地告诉他爸爸时，他爸爸便会严厉地处罚他。有一次，我听到他对玩游戏的队友说："大不了被我爸揍一顿，我又不怕。"看来，即使严厉处罚了他，问题也一点都没有解决。

在读了这本书之后，我意识到："打孩子是一种陋习和恶习。一个用武力征服儿童的成人，无论财富多么丰厚，地位多么显赫，学问多么高深，打人的理由多么充足，都是智慧不足的表现。这一瞬间，你以为自己强大而正义，其实是缺少理智，恃强凌弱；你在弱小的孩子面前心理全部失守，只能从体力上给自己找平衡——在爱的名义下施暴，此时此刻你的行为如此粗野，不过是个穿西装的野人。"

当时的我们是不是太不冷静，不考虑到孩子的想法，只顾自己出气。此时此刻，我为自己的行为羞愧自责。读完《好妈妈胜过好老师》之后，我会"想办法解决，允许孩子犯错误，给他时间成长"。

三、不是电脑游戏的错

因为玩电脑游戏的事情，我家爆发过好多次家庭战争，但孩子的问题并没有解决。我一直在思考，自己孩子的网瘾，班里那些学生的网瘾，该怎么办呀？

　　看了这本书后，我十分认同赞同书中的观点：一个孩子如果长期钻在游戏里，不肯出来，以至于成为一种病态，那是因为游戏外的世界，让他感到枯燥、不快或自卑。一个孩子如果因为电脑游戏耽误了前途，那他即使生活在没有电脑的世界里，也会有别的事情把他拉下水。我坚信使人堕落的不是游戏本身，而是心灵的空虚，或者某些素质的缺失，那些在游戏中堕落的人，即使没有电脑游戏，也会有另外的什么东西，使他（她）不可自拔。

　　回头想想，孩子没有玩伴，小区里的孩子经常要上各种各样的辅导班，邀约到一起玩都不容易。爸爸妈妈工作忙，答应孩子去玩的承诺经常落空，孩子只能在游戏中寻求精神释放。

　　玩，是孩子的天性。既然不让孩子玩电脑，总应该让孩子玩点快乐的东西吧？于是，我和孩子的爸爸开始注重亲子陪伴：经常带孩子参加户外活动，也常常邀请孩子的同学到家里或者小区内一起玩。

　　在读了此书之后，我的教育观念改变了许多。我还把有用的方法迁移到了我的教育教学中。我发现：对孩子们了解得越多，你的方法就会越奏效。随着年龄的增长，孩子的成长越来越让我惊喜。

《教育的情调》读后感

深圳市光明区光明小学　陈婷婷

　　刚拿到这本书的时候，精致充满童趣的封面，成功地吸引了我。这是一本什么样的书，让这么多名家倾情推荐？我怀着好奇而期盼的心走进这本书。很多教育学者都在试着归纳一些具有普遍性的规律，以此来解决相似的问题。而《教育的情调》则认为，每一个教育情境都是独一无二的，同样的问题，由于主体不同或者环境、经历不同，都会产生不同的教育效果。所以，教育者需要培养教育的敏感和机智。"教育的敏感性和机智并不是在一个研讨班上所获得的一套简单的外在技巧。真正的教学需要老师全身心地投入对孩子们世界的体验中去。"不可否认的是，我们常常在潜意识中希望通过借鉴别人的经验来处理自己所遇到的问题。但是，每个孩子都是独一无二的，我们需要走进孩子的世界，去见证生命发展的无限可能。

一、走进孩子的世界

　　"作为教育者，无论我们的举动多么充满善意，我们的言语和行动所表达的情境仍然可能与孩子体验到的那种情境根本对不上号。"是的，我们在生活中常常以大人的眼光和要求去对待孩子。哪怕孩子犯了一个小小的错误，我们有时候都觉得难以接受，去生气、愤怒地责备孩子。

　　有个孩子特别喜欢打人，同学们不爱跟这个孩子玩，老师们也对这个孩子无可奈何。有一天，他又拿着石头去丢高年级的同学。老师、家长和受伤的同学都要过来找他算账了。他蜷缩在一旁，一声不吭。无论谁跟他说什么，他也不理会。我坐在他旁边跟他聊起了天。"有什么话想跟你的好朋友说吗？也许我这个好朋友能帮你。当然，你不愿意说也没关系，我永远是你的好朋友。"
我跟他一起坐在阶梯上。"我想我爸爸了。"他眼含泪水地说。"爸爸呢？他
去哪里了？""他去北京了，一直都没回来，也没给我打电话。其实我就想爸
爸回来揍我一顿。"他低着头说。是啊，也许我们都误会他了，我们只知道他
打同学是不对的，却没有深入地了解他的情况。我跟他妈妈交流后才知道。妈
妈怕他心理受到伤害，没有告诉他，爸爸得癌症已经去世的消息。后来，我们
跟他妈妈商量以后决定把这个事情告诉孩子。孩子得知这个消息以后大哭一
场，妈妈带着孩子去祭拜爸爸。这个孩子再也没有打过同学。作为教育者，我
们需要沉下心来，倾听孩子的声音，走进孩子的世界。

二、重视眼神的交流

"为了培养教育敏感性和教育机智，我们需要看孩子的眼神，并按照对
眼神的理解去行动。"眼神是我们了解孩子的另外一个重要途径。嘴巴可以说
谎，但是眼神很难掩饰。透过眼神我们可以看到孩子最真实的一面。教师的眼
神可以树立威严，也可以成为和孩子交流的窗户。在课堂中，老师的眼神可以
给孩子们创造不同的情境：温柔的眼神可以透露出对孩子们的喜爱，肯定的眼
神可以给孩子们前进的动力。我喜欢用眼神去肯定我的学生，尤其是成绩稍微
差一点的、容易被忽略的孩子。尤其是一个男孩子，他基础比较差，但是在课
堂上我能感受到他求知若渴的心。肯定的眼神，让他在我的课堂上更加认真，
也给他带来前进的动力。渐渐地，他在努力中缩小了和同学之间的距离。我想
这个眼神的交流，是无可替代的。

三、加强自我的反思

反思是一种能力。这种能力能够帮助我们提高教育的敏感性。在课堂中
会有很多突发事件，我们可以通过教育故事进行记录和反思。在记录和反思的
过程中，我们会对自己当时的行为进行思考和辨析。为了寻找更合适的处理方
法，我们就会思考孩子当时有一种什么样的体验，怎样做对孩子更好，会去形
成我们自身的教育智慧，加强自身教育的敏感性。同时，我们可以通过阅读来
提高自身对突然事件的应对能力，在总结别人的经验教训中，寻找适合自己的
方法和应对方式。

就像窦桂梅老师所说："这是一本爸爸妈妈、校长老师们都应该读的书。"在这个书中的故事里，我们看到了曾经的自己。我们需要用心去感受孩子的生长，一起聆听生命拔节的声音。

赏识的无穷魅力

——读《赏识你的学生》有感

深圳市光明区诚铭学校 陈永红

2021年的寒假，我拜读了广西中小学教师继续教育必修教材《赏识你的学生》，受益匪浅。本书以案例、家长留言对话、专家评析的形式呈现，让人容易理解。

教育是充满着生机鲜活的过程，是人与人心灵的相遇和对话。教育里洋溢着微笑的面孔，教育里饱含着真情的问候；教育中涌动着生命之流，绽放着成长之花，展现着智慧之境，培植着理性之魂。教育陪伴着人们生长、生活，教育已成为人们生命中重要的组成部分。

俗话说得好："良言一句三冬暖，恶语伤人十年寒。"赏识是教师教育的法宝，是学生快乐和自信的源泉。渴望得到老师的赏识是每一名学生的本性和心愿。

一、赏识利于增强自信感

有一位心理学家说过："人类本质中最殷切的需要是：渴望被赏识。"赏识对于成长中的孩子来说是至关重要的，赏识可以发现孩子的优点和长处，激发孩子的内在动力。对孩子进行赏识教育，尊重孩子、相信孩子、鼓励孩子，可以帮助孩子扬长避短，克服自卑、懦弱心理，树立自信心。

在实际工作中，对学生进行赏识教育，是促使孩子将自身能力发展至极限的最好方法，是促使孩子性格开朗、形成自信、走向成功的有效途径，其所能达到的教育效果往往出乎我们的意料。

二、赏识唤醒孩子的生命之灯

每个人都喜欢得到家长和老师的赞赏，尤其是在班级中不显眼的孩子更需要老师的表扬和鼓励。我记得以前教过一个孩子，他在班级里默默无闻，但在体育方面特别好，常常代表学校外出参加比赛。有一次，孩子语文课上读书较响亮，为了鼓励孩子，我当着全班同学的面，大声表扬了他读书响亮、进步很大。当时，孩子脸上洋溢着自豪的笑容，从那以后他在我的语文课上更自信、更有兴趣了。他的语文成绩慢慢从不及格提高到了九十多分。这个活生生的例子告诉我，这些孩子的生命一旦被激活了，他们将拥有无限的潜能。当我们看见孩子生命中的每一点变化，及时准确回应，让孩子真切地感受到老师的爱，孩子心中的坚冰就会慢慢融化，内心的蒙昧就会慢慢被灵气所取代。

三、赏识的适度性

赏识学生不能盲目，不同性格的孩子适用的赏识不同，赏识学生需要找准时机，在特定的环境下赏识会收到意想不到的效果。因此，赏识学生也要看时机，时机成熟收效较快。赏识如果不契合实际，对于孩子的成长收效甚微。

这就是我在读了《赏识你的学生》一书后的感受。

第四章

笔耕不辍

专业化阅读和专业化写作是实践型班主任向研究型班主任转化的一个非常好的途径。主动学习各种教育理论，提升专业素养，在实践中体验，在写作中反思，增强专业厚度。三年来，工作室成员笔耕不辍，形成了很好的共学互学、互帮互助的研修氛围。每一次"写"的提炼，都是在不断地成就自己。

一起打架事件带来的启示

深圳市光明区东周小学　缪志娣

【案例描述】

一天课间时，班上的裴同学火急火燎地跑来找我，边跑边喊："老师，王同学和赵同学在班上打起来了，同学们都拉不住，您赶紧去看看吧……"

我一听，赶紧向班里跑去。来到班级，只见几个男生正吃力地拉着王同学，而王同学则大有要马上挣脱之势，看得出他非常愤怒。而赵同学亦愤愤地说："我画的是老虎，又不是你，你干吗上赶着认……"

制止了他们继续动粗之后，我把他们和两个"目击证人"带回办公室，循例开始调查事情缘由。此时，王同学还在骂，看样子还想和赵同学继续打一架，我只得高声喝止，不然他无法冷静下来。

"目击证人"说，王同学一进教室，看到黑板上画了一只老虎，虎头上有个"王"字，就问是谁画的，得知是赵同学，二话不说冲过去就扭打起来。他们拉都拉不住。

我问赵同学是否属实，他说："属实。我也莫名其妙，我画的又不是他，他却冲过来打我，真是奇怪！"看来赵同学心中既有恼怒也有委屈。而王同学则怒目圆睁地反驳道："你画老虎就是侮辱我，因为班上就我一个人姓王。"赵同学不服道："我画的是老虎，是森林之王，你不要自作多情了。"他们这样你一句我一句的，倒让我把事情都了解清楚了。

【解决策略】

男生打架很常见，但班主任如果对每一起打架事件都草率处理，对于班级管理无疑将带来消极影响。因此，我决定严肃对待这件事情，并采取了有针对性的"矫治"措施。

1. 共情：稳定情绪

何谓"共情"，即深入他人主观世界，了解其感受。这是人本主义创始人罗杰斯提出来的概念。在师生相处，乃至人际交往中，"共情"有着极重要的作用，它能让我们的情绪得以疏通，彼此相处得更加融洽。

在此事件中，我们可以做出这样的判断：王同学的动机和情绪是可以理解的，他的动机就是自己被"侮辱"了，被当成老虎了，需要讨回公道；他的情绪是被"侮辱"之后无法抑制的愤怒。此刻的他需要被理解，被认可，否则矛盾将激化。

于是，我走过去用双手轻抚他因愤怒而抖动的双肩，并直视着他，很明确地说："小王，老师理解你此时的愤怒，你感觉被人侮辱了，特别生气，想要讨回公道。"这时，我明显感受到王同学的情绪缓和了一点儿，没有之前那种一触即发的暴怒了。

我转向赵同学，"小赵，老师也理解你，依你说的，你本是画着玩，而小王的愤怒于你来说就如飞来横祸，于是你心中是既愤怒，又委屈"。

说完，我看到他们彼此间的剑拔弩张都收敛了一点儿。

2. 追问：分解反应

此时我开始追问："小赵，老师跟你再确认一遍，你画老虎真的不是在讽刺他吗？"

赵同学看着我，无比坚定地回答道："我不是画他，只觉得老虎很威风，画着好玩。"

我转向王同学，连续问："小王，老虎是森林之王，你同意吗？""你和赵同学往日有仇近日有冤吗？""你觉得赵同学为什么要画老虎来侮辱你呢？""你现在还认为他是在侮辱你吗？你百分之百确定他画的老虎就是你吗？"

王同学经过我这么一通急迫的追问，虽然嘴上还表示不服，但心里已然明白，自己大概真的冤枉人了，只是碍于面子，仍然端着不好承认罢了。

经验告诉我们，在处理矛盾时，找准契机与角度进行"追问"，可以让学生反思：自己都不能全然确认的事，如何能理直气壮地责怪别人呢？

小学生的年龄特征决定了他们阐述事情或处理事情时，一般都从自己的角度出发，很少去思考对方的动机，也因此经常只能看到事情的表象。作为老师，我们理应帮助学生分析事件本质，弥补他们认知上的不足。

3. 互省：明断是非

在追问之后，接下来需要引导学生深刻反思：自己究竟错在何处？如何厘清自己的错处，并点出对方让自己做出如此举动的关键所在。于是，他们二人各自诉说自己与对方的不是：

"我不该不分青红皂白就冲过去打他。但他在黑板上乱涂乱画就不对。"

"我不该在黑板上画老虎，让他误会了。"

……

如此，他们在你一言我一语的自我批评与互相批评中，明确了解了是非曲直，清楚了自己的举动是否合情合理，是否"非做不可"。

可见，引导学生学会客观看待自己与对方，学会客观分析事情发展始末，对于处理整件事情至关重要。

4. 化解：一笑泯"恩仇"

"既然你们俩都意识到了自己与对方的错误，那你们各自道歉吧。"事情处理到接近尾声，我自然期待他们两人握手言和了。

王同学调皮地说："既然我们都有错，那我们的错就互相抵消了，都不用道歉了。"赵同学随声附和。

"与其说是向对方道歉，不如说是自己给自己道歉，表示你内心已经明白了错在何处，该如何改正。"我郑重地说。听了这话之后，他们这才真诚地互致歉意。一件原本可能大动干戈的事，就这样圆满地解决了。

5. 延伸：授人以"渔"

常规处理时，到第四步的时候，事情就算解决了。但如果只是这样处理，类似事情以后仍会不断出现。那如何彻底"根治"呢？这便是最重要也是不可或缺的一步：延伸教育。

常言道：授人以鱼，不如授人以渔。在老师的引导下，学生虽然懂得了互相理解与互致歉意，但以后遇到类似事件时仍会不知如何处理。

于是，我接着引导："你们还记得老师的'手指理论'吗？如果这件事情再发生一次，你们会如何处理？"他们开始沉思。

"刚才小王看到黑板上画的老虎头上有个'王'字，认为是小赵侮辱你，就急不可耐地冲过去打他。老师现在问你，'打'是你处理这件事情唯一的方法吗？"

王同学讷讷地回道："不是。"

"那还可以怎么处理？"王同学说不上来。

"你看，老师说过，当我们遇到问题时，如果你只想到一个办法，你就会别无选择；如果你想到了两个办法，你会左右为难；如果你有三个以上的办法，你才是真正有办法。"接着我让他们伸出五指来思考，用我们自己"创立"的"手指理论"来思考：如果这件事情再次发生，他们会如何处理。

"我可以心平气和地过去问他，为什么要用画老虎的方式来骂我。"

"我可以问旁边的同学，他画这个老虎是什么意思。"

"我可以请班长来解决。"

"我也可以找老师协调。"

……

"是啊，遇到问题时，处理的方法往往不止一个，我希望以后你们碰到问题时，都能先冷静地想一想，看看用什么办法来处理是最好的。"

【案例反思】

上述案例中，我通过循序渐进的五步分解法，妥善地处理了一起突发事件，结果证明效果是显著的。刚接手这个班时，班上吵闹打架的事常有发生，后来几乎没再发生过。这给了我们几点启示。

一是要及时处理问题。众所周知，班主任之所以被称为"救火队员"，是因为班级事件层出不穷，"按下葫芦起来瓢"，令人"防不胜防"。对此，有的班主任"稳坐中军帐"，"兵来将挡，水来土掩"，把班级管理得井井有条；而有的班主任则焦头烂额，疲于奔命。出现这种差别的重要原因是，当班级事件发生后，后者没有及时处理，致使问题越积越多，乃至"从量变到质变"，导致普通问题变成棘手问题，解决难度加大；或者只是草草处理，解决了表象问题，而没有深究原因，消除问题根源，导致问题不断重现。可见，及时处理问题是有效遏制问题再出现的第一要则。

二是要科学处理问题。有经验的班主任都知道，班级问题再多，也无非归结为几类，找到这些问题的规律，科学归因，再合理解决，问题就不容易再出现了。例如，学生打架是常见现象。而经常打架的学生并不是"爱好"打架，而是当不满情绪降临时，他们不知该如何化解——教给他们正确的处理方法，正是我们作为老师的职责所在。心理学研究表明，打架是学生在发生意外、紧急情况时的一种适应性反应。如在上述案例中，王同学的行为情绪与动机的角度来看是可以理解的，然而通过打架来解决问题的行为是需要引导矫正的。此时，教师再运用合理的引导策略，让解决类似问题的方法在学生心中扎根，形成思维定式，以后当发生类似事件时，学生就知道该如何正确处置了。

（本文曾于 2020 年 12 月发表在《中小学德育》杂志上）

小豆丁成长记

中山大学深圳附属学校　梁慧凌

用心灵赢得心灵，不只是教育的条件，更是教育本身。

——李镇西《教育知行录》

一、小豆丁总犯错

小丁是班级里个头最小的孩子，进入一年级，他被安排坐在最前面。每次走进教室，都能看到他忽闪忽闪的大眼睛盯着我，我对这个可爱的孩子不免又多了一分喜欢。

一天，刚上完课的我被他叫住了："老师，老师，你看我手里拿的是什么？"他兴奋地挥舞着小拳头。

"你打开，我仔细看看。"对于这样的场景，我已习以为常。孩子们每天都会从校园的各个角落，捡些稀奇古怪的东西给我。很高兴孩子们能把这些小事与我分享，每一次看到他们兴致盎然的样子，总不希望打击孩子的积极性。但有时看到小小的身影去捡地上的脏东西时，总不免有些担心。

"哦，这个是弹珠呢，你从哪里捡到的？"我拿起他递过来的珠子，仔细端详起来。

"从同学座位旁边捡到的。"小丁抬起头来，大眼睛里干净得没有一丝杂质。

"你能把漂亮的弹珠给老师吗？它也要找它的小主人。"

"可是……"他的小脸写满了委屈，小手紧紧地抓住弹珠，不肯松手。

他的眼里蓄满泪水，好像等我说下句眼泪就要夺眶而出了。看到这样的情形，我不由得心里一紧。小家伙估计是怕我把他的珠子拿走，往后退了一步，不再说话。

"宝贝，这是我们自己的东西吗？"我试图跟他讲道理。

"不是。"小丁摇摇头，小脑袋垂下来了。

"不是我们的东西，我们能不能拿？"我蹲下来平视孩子的眼睛。

"不能，可是它是我捡到的。"小丁的脸气鼓鼓的，看来我没有成功说服他。

"这本是老师的书，掉到地上了。你帮我捡起来，你觉得这本书是你的，还是老师的呀？"说理行不通，我又换了个例子。

"老师的。"小丁认真思考后，轻声答道。

"是的呀，你真是个懂道理的好孩子。弹珠是你刚刚在地上捡到的，但它是不是你的？"

"不是。"

"好孩子，你把弹珠送回去吧。"小丁一脸不情愿地拿着弹珠送回给掉弹珠的那个同学。

孩子的世界纯真而美好，当我们蹲下身子平视孩子的世界，多一点儿耐心和细心该多好呀！

二、小豆丁认错了

经历了捡弹珠这件事，我以为他不会再去捡地上的东西。但接连又发生了几次类似的事情。

这天中午，午休刚刚结束。小甲气冲冲跑进办公室，边跑边抹眼泪："老师，小丁捡了我的橡皮擦，他不肯还我，我写错字会被老师批评的。"

我找来两个孩子了解情况。原来，停歇了几天的小丁又开始捡同学掉到地上的东西了。这个新橡皮擦上有一个奥特曼，奥特曼是小丁最喜欢的超人，他捡到橡皮之后，爱不释手。小甲看到他手里的橡皮正好是自己丢失的，跟小丁要，小丁不肯给，小甲只能到办公室向我求援。

小丁被我喊过来后，显得局促不安："老……老师，我不是故意的。我就是看到有东西掉了，捡起来，顺便看看。"也不知道是因为面对小甲的哭泣感到内疚，还是害怕我严肃的神情，小丁的头始终没抬起来。

"小丁，老师知道你不是特意去捡小甲的橡皮的，你看他因为找不到橡皮都急哭了，你可以先把橡皮还给他吗？"上课铃马上就要响了，我只能先匆匆地解决眼前的问题。

"对不起，我捡到了你的橡皮没有还给你，让你担心了。"小丁诚恳地向小甲道了歉，小甲拿到自己的橡皮擦，回到教室。

以我对小丁的了解，这个孩子秉性纯良，只要我教过的事情，他都在慢慢改。到底是什么原因导致他总喜欢去捡别人的东西呢？

三、小豆丁初成长

这天晚上，趁着空闲，我与小丁的父母取得了联系并去了他的家里。我了解了小丁家里的基本情况，小丁家里的孩子多，父母的收入并不高，孩子们常买的玩具、零食是家里的稀缺货。因此，来到学校后，小丁看到同学有漂亮的玩具、好看的图书，总忍不住伸手去拿。

作为老师，我能帮孩子做点儿什么呢？晚上，我找出了新买的一套图书，又去商店买了新的文具。

第二天来到办公室，我找来小丁："小丁，梁老师跟你商量一件事。""什么事？""你最近还在教室捡东西吗？""呃，有……有时候有。""你为别的同学捡起掉到地上的东西，是在做好事呢，老师要表扬你。但你知道小甲为什么昨天会来找老师吗？""不知道。""因为你没有把捡到的东西放到讲台的收集盒里，如果下次你捡到东西，第一时间就放到盒子里，同学们一定会表扬你的。""老师，那我下次放到讲台上。"

"老师觉得从你入学到现在，一次比一次有进步。你能主动捡起掉在地上的东西，像上一次老师在收作业时，你帮老师把作业搬回办公室，这些事情老师都记得呢！这是一套你们最喜欢的图书，老师作为奖励你的礼物送给你。"小丁轻轻接过礼物，难以置信地瞪大眼睛。

"老师相信小丁，只要是老师说过的话，你都牢牢记住了，是个好孩子。"我摸摸他的小脑瓜。

"老师，我会记住的。"小丁脸上终于露出了笑容。

我把抽屉打开，第一格上面摆了一层整整齐齐的铅笔。"老师听说你的铅笔用完了，先借一支给你。等你以后攒够五朵小红花了，你再用来还我，你看怎样？"

"真的吗？"小丁将信将疑地盯着我。

"对，只要你信守承诺，攒够小红花，我下次还能再借给你。"

又过了半个月，我找来班里的小班长。"最近，还有同学说小丁同学拿他们的东西吗？""没有了，而且最近小丁在课堂学习上和做操上进步很大，老师们都夸他有进步了。"

听了小班长的话，我笑了。小豆丁，真的越来越好了。

小丁是几十个孩子中最平凡的一个，但也是我常常关注的对象之一。一年级的孩子像幼苗，迎着爱的春风肆意生长。他们有时会犯错，有时会捣蛋，如果我们蹲下身子，平视他们，用耐心、细心浇灌他们，用教育智慧滋养他们，他们终将长成最可爱的模样。

（本文曾于2020年12月发表在深圳报业集团"深学"APP上）

别让焦虑蒙蔽了双眼

深圳市光明区李松蒨学校　陈家琪

在竞争激烈的现代化都市，家长们、老师们常常把城市生活的焦虑投射给孩子，尚且年幼的孩子早早便报上各种早教班，大一点儿的孩子则去各种补习班、兴趣班。"不要让孩子输在起跑线上"，这样一句由商人创造出来的响亮口号，这么多年来争议不断。教育名家批评它，说它违背人的天性，说它急功近利。但反观我们身边的孩子们，哪个不受累于它？哪个家长不担心自己的孩子跟不上别人呢？

"那不行，孩子的学习不能落后！"

我常想起那个特殊的周末，小王妈妈在电话里告诉我，孩子在周五放学回家的路上遭遇了车祸，因为贪玩没有看路，被小轿车撞了，小腿骨折。

医生告诉家长，小王的腿伤需要一段时间静养，而且需要事事小心，谨慎对待；如果恢复不好，到了青春期，孩子身体高速发育时，恐怕会发展成长短腿。

这可怜的孩子！我无法想象此时小王的父母该多么为他们的孩子担忧，同时我心有余悸，幸亏只是骨折而没有危害到性命，生命安全永远是最重要的……

可令我没想到的是，小王妈妈打电话给我，告知我车祸事件后，最令她担心的是小王的学习。"马上就要期中考了，这孩子这么顽皮，现在躺在床上去不了学校，得耽误不少功课啊……"

小王出院后，作为班主任的我组织科任老师和几位同学一起去小王家里看望他。厚厚的绷带和石膏包裹着他的右腿和脚踝，只露出脚趾在外面，成天嬉笑玩闹的乐天派如今被牢牢地束缚在床上，没有一点儿自由。看到小伙伴们都来看自己，小王显得很高兴，不停地问起学校里的趣事。

老师们心疼不已，叮嘱孩子父母，"一定要遵医嘱，好好休养，学习的事情先不着急……"

谁知道小王爸爸却急了："那不行，孩子的学习不能落后！本来成绩就只是中等，学习就不怎么跟得上。哎，怎么就这么倒霉，发生这样的事情，这下可好了……"

听到老师和爸妈的对话，小王脸上瞬时失去了欢快的神采，眼神黯淡下来。小王父母对孩子的学习十分焦虑，而老师们三言两语的劝慰无法将他们从焦虑的沼泽中拉出来。

面对这样的情景，我知道要一下子转变父母的认知是不可能的，但任由其发展下去，父母的焦虑情绪一定会对孩子产生负面影响，不仅不利于孩子的健康成长，更会危害孩子的身心健康。回去以后，我一直把这件事情放在心里，希望寻找一个转变的契机……

"我的烦恼，像无尽的大海……"

在小王在家卧床养伤的这段日子里，他的妈妈每天都到学校为孩子抄作业、打听学习进度，小王的期中检测也是在家完成的，甚至为了让孩子不掉队，小王每天还必须额外完成妈妈在书店购买的其他试卷。

俗话说，伤筋动骨一百天。可是为了不耽误孩子学习，小王妈妈不顾老师们的劝阻，在孩子腿伤一个月后就让他回学校上课，每天由自己背着他上下学。一时间，妈妈背着小王上学的身影竟成了学校的一道风景，其他家长看见了，都夸小王坚持学习有毅力。

在小王妈妈的努力下，小王的学习非但没有落下，反而还有了进步。但是眼见着学习成绩变好了，小王的性格也变了，原本天真可爱的小男孩好像消失了，取而代之的是一个阴郁寡言的孩子。一次习作，小王以"我的烦恼"为主题，写出了他的心声："现在，我每次考试都很担心会考不好。每天只有课间能和同学们玩一玩，开心是短暂的。""我的烦恼像无尽的大海，休息的时间越来越少，我沉没在烦恼中……"

小王活泼贪玩，令父母十分担忧他的学习；腿受伤后，其父母更是陷入了焦虑的泥潭，对孩子的学习过分紧张，以至于忽略了孩子的心理状态。古语云：父母之爱子，则为之计深远。可怜天下父母心，在社会高速发展的今天，小王的父母希望孩子能够在学校好好学习，为将来踏上社会、过上美好生活奠定基础。他们心里清楚，社会竞争激烈，学习如逆水行舟，不进则退！心中的焦虑终于化成行动，不停地施加在孩子身上，甚至在孩子遍体鳞伤时，也停不下脚步。于是，孩子也成了焦虑的孩子。但一个焦虑的孩子，在心理亚健康的状态下，如何能坚强地应对未来生活的挑战？

"家长，请您多倾听孩子的心声！"

家长忽视孩子目前的状态，一味被自己的焦虑心态控制，只会让孩子成为焦虑的受害者。一次小王妈妈送孩子来上学时，我悄悄把她请到办公室，给她分析孩子受腿伤前后的状态差异，拿出孩子的作文，跟她诉说孩子的心声。

几分钟的时间里，她的眼睛没有离开那短短三百字的作文，握着作文本的双手微微颤抖，豆大的泪珠一串串地从她的眼睛里落了下来："没想到，孩子这么不开心……"是啊，哪个父母的初衷不是希望孩子能幸福快乐呢？然而在焦虑的情绪下，父母的眼睛竟然被蒙蔽了，看不见眼前的孩子。

孩子因腿伤无法回学校上课，这件事对孩子来说本身就是生命中遇到的一个挫折。而家长眼里只有学习成绩，这样的唯成绩观，不仅让家长自己陷于焦虑的泥潭，更让孩子成为焦虑的受害者，让他的童年失去快乐的色彩。因而，小王父母的观念首先要做出改变，学习固然重要，但为了学习成绩而压迫孩子，令孩子情绪焦虑，则是舍本逐末了。小王父母缺乏对孩子的共情，缺少对孩子的理解和支持，孩子很难从父母那里感受到爱。于是，我建议小王父母转变自己的思想，倾听孩子的心声，不要吝啬用语言和行动向孩子表达自己的关心与疼爱。

　　另外，腿伤落下的功课不可避免地会影响到孩子的成绩，但因此而加重小王的学习负担是不必要的，会让孩子在心理上更加痛苦。我果断地建议小王妈妈不要额外让孩子做题了。福兮祸兮，虽然不幸发生了，但是如果我们能把它当作一次改变的机会来看待，那这次的不幸也能成就一个孩子。小王很爱阅读，但因平时的功课紧张，小王妈妈不让小王花太多时间在课外阅读上，于是我建议小王妈妈，趁着小王在家休养时，可以多准备一些小王喜欢的读物给他，让这个活泼好动的孩子能趁此机会安静地阅读。

　　"幸福的童年可以疗愈一生，不幸的童年让一生来疗愈。"这是奥地利心理学家阿德勒的名言。但当我们任由焦虑心态驱使时，我们不仅行为与初衷相背，更是踏上了迷途。我曾经拜读过张文质老师的书《教育是慢的艺术》，书中提出教育中的"弹簧效应"。如果把弹簧拉得太紧，久了，它便会失去弹性。这便是一位美国教授说的中国学生最常出现的"学业枯竭现象"，因为他们在从小学到高中的学习过程中，付出了太多的生命热情与太大的生命强度！

　　作为一名教师，我们当然也希望孩子的学习能稳步向前；而作为班主任，我们更加要睁开另一双眼睛，关注孩子的身心状态，适时地提醒家长，不仅要关注孩子飞得高不高，还要关心孩子飞得累不累。

　　十年树木，百年树人。人的成长不是一朝一夕的，人的成就也不在于一次考试的分数。焦虑的心态让我们目光狭隘，只低头盯着眼前的不够好，却不懂得把目光放到更远的未来。人生是一场修炼，在教育孩子上，我们还需克服焦虑！

［本文曾于 2020 年 12 月发表在深圳报业集团"深学"APP 上（有改动）］

对"管不了"的孩子，家长可以这么做

中山大学深圳附属学校　罗丹梅

因疫情上网课期间，李同学的妈妈气急败坏地打电话给我，因为早上发现孩子没有认真上网课，还一边上课一边看漫画，管教不听，甚至还顶嘴。

"老师，我是真的管不了他了！怎么说他都不听，还顶嘴！"

"上课时精神总是不集中，经常一边上课一边看漫画玩游戏！"

"我要照顾弟弟，没有办法时时刻刻都监督他！"

"每次上网课都不让我在旁边看，还把房间门关起来！"

"老师你帮我管管他吧，如果他不听的话，就罚他抄写课文和单词！"

面对这种"管不了"孩子的情况，相信很多家长都有同样的苦恼，不仅仅是网课期间，在平时的家庭生活中，这样的问题随着孩子年龄的增长而变得更加明显、更加频繁。这对大部分家长来说，是一个非常大的挑战。但越是这样的特殊时刻，家长的教育与影响也显得越发重要。那么面对这样"管不了"的情况，家长们可以怎样解决？我认为大家可以从以下几个方面进行思考。

一、一起立规矩

没有规矩，不成方圆。在学校，教师会与学生一起，制定一系列的班级常规，来帮助学生养成良好的学习习惯。家庭中也应该是一样的，但许多家长会经常跟老师诉苦："老师，你帮我管管孩子吧，孩子根本不听我的话，只听老师的话！"这其实也暴露了问题所在，因为孩子回到家庭中，没有了规则的限制，行为习惯自然也就松懈了，认为自己在家里做什么都是可以的。

因此，在家里，家长也应该要保持自己的原则与判断，和孩子一起建立在家庭中应该要遵守的规矩，大家一起来遵守，培养孩子在家的规则意识，特别是要让孩子明白，什么样的行为在家里是不可以被接受的，如对父母及家里长辈不礼貌是不可以的，一边写作业一边看电视是不可以的。家长和孩子建立类似这样的原则性的规矩，并一定要坚持执行，家长不断提醒或纠正孩子，把规矩落到实处。

二、双剑合璧

在家庭教育当中，我们通常看到的都是母亲单方面的教育，而大部分父亲常常忙于工作，甚至到孩子小学毕业，都还不知道孩子的三科老师是谁，而孩子到了高年段后，妈妈的教育开始变得不管用了，孩子甚至会出现顶嘴、反抗的现象。这个时候，对于高年段的孩子来说，父亲的教育回归是至关重要的。在大部分孩子的心中，母亲的形象是温柔的，父亲的形象是有威严的。我们必须要意识到，父亲的教育效果与母亲的教育效果是不一样的。

因此，在家庭教育当中，父亲的参与是至关重要的，也是最容易被忽略的，父亲不仅要参与孩子的教育与成长，还需要与母亲一起分工合作，同时在教育方向上保持一致。一家人的教育观念必须是相同的，且相互配合，这样才有利于孩子的健康成长。

三、自我调节与沟通

家庭生活当中经常会有很多琐碎的事情，让家长在与孩子的沟通过程中，容易生气，没有耐心，进一步导致沟通的失败，孩子与家长都容易有挫败感。因此，在家庭教育当中，家长也需要及时进行自我调节，保持良好的心态，在与孩子沟通的过程中，不要带入生活上或者工作上的消极情绪，积极倾听，耐心关注；在发现孩子的问题时，与孩子一起冷静地分析，并共同找到解决方法，一味地惩罚与恐吓并不利于孩子错误行为的纠正，还有可能造成反效果。

在线上学习的特殊时期，家长应加强与孩子、教师的沟通交流。首先，加强与孩子的沟通，倾听孩子内心的想法，尊重孩子的意愿，这样孩子才愿意倾听家长的想法，才能够对症下药；其次，加强与教师的沟通，及时了解孩子存在的问题，得到教师专业的指导与帮助，这样才能够有针对性地解决问题。

四、创造学习仪式感

生活需要仪式感，学习也是需要仪式感的。家长应当帮助孩子创造不受干扰的学习环境，让孩子整理好自己的房间，整理好自己的书桌，拿走所有能够分散学习注意力的物品，这一点非常重要。另外，家人也是孩子学习环境中的一部分，在孩子学习的过程中，家人共在一个空间里，应该起到积极的作用，如在一旁安静地看书，而不是帮倒忙。我们经常能够在家访过程中发现，学习自觉的孩子，都能够有干净舒服的学习环境；相反，学习注意力不集中的孩子，书桌上都是乱七八糟的东西，这说明良好的学习环境对于培养孩子的学习注意力是非常重要的。

家长还应创造和谐积极的生活氛围，引导并培养孩子健康积极的兴趣爱好，如果家长一天到晚都是拿着手机在玩，那我们又怎么能要求孩子不要玩手机呢？通过阅读、实践等形式，培养孩子健康的思想与积极向上的个性，我们可以发现，其实从孩子身上，我们也能够学习到许多的东西。

世界上并没有"管不了"的孩子，只有"不想管"的家长与老师。不管是老师，还是家长，我们能够做的还有许多，一旦我们给孩子下了定义——"管不了"，也就否定了孩子的发展。每个孩子的发展都是不可估量的，而我们应该做的，就是不断地尝试，不断地引导，不断地沟通。在疫情的特殊时期中，学校教育虽是主体，但家庭教育是基础，老师与家长应互相理解与合作，齐心协力，建立教育共同体，从而真正实现孩子的健康发展。

[本文曾于2020年9月发表在深圳报业集团"深学"APP上（有改动）]

俯下身子，感同身受

深圳市光明区公明第二小学　叶文婷

"叶老师，晨晨午休又躺在讲台下面睡觉了，我怎么说她都不听！"中午1点半，我刚踏进班级门口，管理午休的老师又向我数落晨晨的各项"罪状"。

只见晨晨慢慢地从讲台下面钻出来，完全不顾周围同学对她的耻笑，旁若无人地叠好她带来的枕头和被子，走回自己的位置坐下。就这个问题，我已经不止一次找晨晨谈话了，晨晨跟我抱怨在座位趴着午休很不舒服，睡在座位旁边的地上又怕被路过的同学踩到，为此她观察了整间教室，发现了一个绝佳的"床位"——讲台下面的小块空地，凉快舒服且无人打扰。

我语重心长地对她说："晨晨，你这个位置的确很好，但是教室是学习的地方，你觉得随地躺着睡觉这种行为文明吗？同学们都说你随地乱躺像乞丐一样，叶老师听到觉得很难受，我希望你能克服困难，在座位上休息好吗？"晨晨撇撇嘴，说："别人怎么说我不管，只要我觉得舒服就行了。"接下来的两天，她依然我行我素，继续在讲台下面午睡。

晨晨是个调皮的小女孩，上课爱做小动作，下课爱躲在角落玩，我每天都能收到同学和任课老师们对晨晨的"投诉"。而晨晨的父母离异，晨晨是由母亲抚养长大的，她的母亲没有过多的时间精力关注她的学习和行为习惯。我多次向晨晨的母亲反映晨晨在校的情况，晨晨的母亲却对我说："叶老师，我知道晨晨是个怎样的孩子，可是我真的没有多少时间去管教她。我对晨晨只有一个愿望，就是她开心快乐地长大。"

家长的不配合给我带来了一个大难题：晨晨的问题多多，首先要从小事开始改变。该怎样改变她在讲台下面午休的行为呢？德国著名哲学家雅斯贝尔斯说："真正的教育是用一棵树去摇动另一棵树，用一朵云去推动另一朵云，用一个灵魂去唤醒另一个灵魂。"这是所谓的"感同身受"。为此，我陷入深思：教师始终以成年人高高在上的角度去教育学生该怎么做，然而叛逆的学生并不会乖乖听老师的话，按照老师的指示去做。

再多说教的话语都比不上教师的身体力行，与孩子感同身受。我决定第二天中午跟晨晨一起午休。第二天，我跟午休老师打了招呼，选择中午留在学校吃饭。饭后，我带上空调被进入班级，在校吃饭的同学都十分惊讶。我走到晨晨的旁边说："晨晨，叶老师记得你说过，班级最舒服的地方是讲台底下，今天老师跟你一起睡可好？"晨晨脸涨得通红，害羞地点点头。

我将空调被展开，坐在晨晨的旁边。晨晨拍了拍我裙子上的灰尘，红着脸说："叶老师，地面很脏的，你的裙子都沾上灰尘了。"

"没事呀，这里还挺凉快的！"我故作轻松地说。

此时，班上的学生都在窃窃私语，有的还看着我捂着嘴偷笑。我选择忽略大家的嘲笑，反倒是晨晨睡不着，她连忙坐起来，着急地对我说："叶老师，你还是起来吧！同学们都在笑话你呢！你是个老师，跟我一起躺在这里影响不好，到时候同学们都不听你的话了！"

我笑了笑，对晨晨说："别人怎么说我不管，只要我觉得舒服就行了。"晨晨听了我的话，立刻将我拉起来，小声地说："叶老师对不起，我在这里躺在这里睡觉是想引起大家的注意，希望老师和同学们能关注到我。在家待着实在太无聊了，妈妈天天忙着生意上的事情没空管我，我感觉自己都成了一个透明人。"

看着眼前瘦小的晨晨，我意识到她其实只是一个孩子，一个渴望获得大家关注的孩子。我忍不住抱了抱晨晨，语重心长地对她说："渴望大家关注是好事，说明你还是一个积极向上的孩子。希望你能从成绩和行为等方面改变自己，让大家看到焕然一新的你。不过，叶老师发现躺在这里睡觉的确是比趴桌子上睡觉舒服。你的这个想法真好，能和午休的同学一起分享吗？"我站了起来，将午休的同学都聚在一起，让晨晨分享她的做法。与大家交流后，我才发现，许多孩子都认为趴着睡觉很不舒服，于是我建议将第一、二组的座位往前挪，后面的空位专门作为学生午休的地方，学生可以带一块厚垫子铺在地上，带上枕头、被子进行午休。

接下来的日子，晨晨带领其他同学一起在教室固定位置午休，大家都向我反映午休舒服了许多，午休老师也更能集中管理学生。课堂上，晨晨闪烁的大眼睛紧跟老师的步伐，她的行为习惯都发生了很大的变化，同学们都愿意和这个可爱的小女孩做朋友了，老师们也更多地关注到这个曾被埋没的小人才了。

记得全国模范教师窦桂梅曾经说过："哪怕天底下所有人都看不起你的学生，做教师的也要眼含热泪地欣赏、拥抱、赞美他。"孩子的情感是细腻的、敏感的，他们需要老师的关注来获得心灵上的满足。所以，无论是在日常在校生活中还是在课堂教学活动中，我们都要全面关注每一个孩子，特别是问题学生。一个"烦人"的孩子，只是一个希望得到老师关注的孩子，一个微笑、一个眼神或者是一句话，都可以让孩子体会到被关注的温暖。教师要做的是拒绝高高在上的说教，俯下身子，与学生感同身受。唯有俯下身子，感同身受，才能真正走入孩子的内心世界。

［本文曾于 2021 年 5 月发表在深圳报业集团"深学"APP 上（有改动）］

优秀的她，却……

深圳市光明区李松蓢学校　张丽思

盛夏的中午，太阳炙烤着大地，热得人喘不过气来。此刻，我们办公室的空调刚好坏了，整个办公室犹如一个巨大的蒸笼，热气腾腾。窗外的绿植也全都耷拉着脑袋，一副无精打采的样子。

我看着绿植，心情更加烦闷了，一时之间，很想吃点甜甜的东西，滋润下嘴巴。对了！我昨天不是刚买了一袋棒棒糖想奖励给学生的吗？

于是，我开始扫视我的办公桌，来回扫了几遍，并没有发现棒棒糖的身影。接着，我打开抽屉翻找，也没找到。"真是奇了怪了，我明明记得我放在桌面上的啊！"我在心里小声嘀咕着。

刚好这时，我们班的英语老师从门外进来。她刚一坐下，就大喊了一句："怎么又不见了？！"听到英语老师的怒吼，低头工作的同事们全都抬起了头，齐刷刷地看向了英语老师。"我昨天刚买了一大盒巧克力，今天又不见了！"英语老师怒气冲冲地说。

"这已经不是我第一次丢零食了，上个星期以来，我放在桌面上、抽屉里的零食隔三岔五地就不见，刚开始，我还没在乎，可是后面丢得越来越多！""我的零食也丢了！"数学老师激动地站了起来。"我早上放在桌上的小面包，全都不见了！""我的也是！我前两天放在桌上的饮料不见了。"音乐老师说道。"哎呀，我也想起来，我也丢了……"大家你一言我一语地说了起来。

经过一番热烈的讨论，我们得出了一个结果：自从上星期以来，办公室老师放在桌面和抽屉上的零食经常不翼而飞。那么问题来了，是谁拿了这些零食呢？老鼠成了我们的第一怀疑对象。可细细一想，不可能是老鼠啊。老鼠不可能搬走一大盒的巧克力吧？老鼠也不可能偷走一瓶饮料啊？何况，老鼠吃东西总会留下一些痕迹，比如食物残渣、破了口的包装袋，甚至一堆的老鼠屎。可这些我们都没有发现。

那会是谁呢？我们百思不得其解。难不成是学生？虽说为了方便教学，我们的办公室跟学生教室就设在同一层楼，平时也有很多学生在办公室进进出出。但是我们还是不愿意相信这是学生干的。

"我们可以查监控啊！"有老师提议道。可我们抬头一看，办公室里并没有装监控。就这样，我们断了线索，这件事也就不了了之了。

第二天下午，我在办公室批改作业。我班的英语老师来到我旁边，小声地跟我说："张老师，我知道是谁拿了我们的零食了！"

"是谁？"我迫不及待地想知道答案。

"是我们班上的陈××。"

"陈同学？这绝对不可能！说谁我都愿意相信，但陈同学完全不可能！你肯定是搞错了。"我怎么也不相信，拿走零食的人，会是我班那个优秀的女孩子。要知道陈同学可是我们班上的学习委员啊！她成绩优秀，每次考试都是班上的前三名。她性格乖巧，经常帮助老师同学们做事情。何况她还是我的语文科代表呢，怎么可能会是她呢？

英语老师只好掏出了她的手机，打开了一个视频。视频显示的是中午的十二点半，这个时间点老师都下班去食堂就餐，办公室刚好空无一人。这时候，视频里出现了陈同学的身影，只见她鬼鬼祟祟地来到英语老师桌旁，不停地翻动桌面上的东西。她好像并没有找到自己想要的东西。接着，她蹲了下去，打开了抽屉，只见她抓了一把糖放进了自己的口袋里。然后，她走到下一个老师的桌边，偷偷地把桌面上的小面包拿走了。之后，她又走向下一个老师的桌子，就这样她在办公室每个老师的桌面上扫荡了一圈，最后满意地离开了。

看到这个视频，我好像被电击了一样，嘴巴惊讶得合不起来。这怎么可能？我脑子里充满了问号。"平时办公室里都有人，我们的零食不可能不翼而飞。只有中午我们去饭堂吃饭这个时间，办公室是没有人的。我打开了手机的视频录像，把手机藏在了桌上一个角度很好的地方，没想到就拍下了这样一幕。我自己也觉得很惊讶，怎么会是陈××呢？"英语老师在一旁解释道。

尽管我不相信这是陈同学所为，但在视频面前我不由得低下了头。视频里陈同学一连串的动作如行云流水，这简直就是"惯犯"所为啊！既然锁定了嫌疑人，接下来我这个班主任就不得不出马了。

首先，我想先弄清楚，这是否是陈同学第一次来办公室拿东西。放学时，我找来了几个跟陈同学很要好的同学。我故意面露难色："同学们，最近我们班老是被扣分，理由是值日生发现我们班有同学偷偷带零食。你们知道我们班谁带了零食来吗？"这几位同学开始在脑中搜索。过了一会，"老师，我知道。"大家一齐把目光看向了苏同学。"嗯，老师，最近陈同学老是带零食来，她放在口袋里，有时还在班上偷偷地吃。""哦？是吗？"我装作很惊讶的样子，"她是从什么时候开始带零食来的呢？""大概上个星期开始我就发现了。"苏同学眼神坚定地看着我。"那她平时都带些什么零食来呢？"我接着问。"有时是棒棒糖，有时是小面包，有时是巧克力那些。"这些零食不都是我们办公室丢的那些零食吗？时间上也很吻合，我更加相信这是陈同学所为了。

人证物证俱在，接下来就是找陈同学谈话了。这时候我却犯了难。陈同学是成绩优异、自尊心很强的学生，我要怎么谈话才能不伤害她的自尊心呢？她会不会因为老师知道了她不好的一面就自暴自弃，成绩一落千丈呢？我会不会因为这次谈话就毁了一个学生，成为教育界的千古罪人呢？

针对陈同学拿老师办公室零食的事情，经过了前期的调查了解，我在心中想好了几个找她谈话的对策。于是我想着，是时候把陈同学找来了。

策略1：旁敲侧击

陈同学来到了办公室，我一边递给她棒棒糖，一边对她说："身为科代表，你每天准时收发作业，工作完成得很好，老师奖励你一颗棒棒糖。""谢谢老师！"陈同学笑眯眯地说。"喜欢棒棒糖吗？"我故意试探她。"喜欢，老师！"陈同学仍旧笑眯眯地看着我。我接着问："那平时你喜欢吃零食吗？""喜欢，可是我妈妈不让我吃零食，我也没有零花钱，平时很少吃。"听到这，我眼睛一亮，似乎找到了她拿办公室零食的原因之一了。

策略2：趁热打铁

我决定趁热打铁，继续追问："最近老师办公室里发生了一件怪事，老师们的零食经常不见，你说怪不怪？"陈同学的脸上闪过了一丝惊慌，很快便平静下来。她平静地说："老师，我也不知道。"听到她这么说，我知道陈同学不打算轻易承认。我得进行第三个策略了。

策略3：降低防线

"其实，老师们也不是很在乎这些零食，如果喜欢的吃的话，跟老师说一下，老师们很乐意跟大家一起分享的。但如果不跟老师说，偷偷拿走这些零食，就不对了。这是很不好的行为，你说是不是？"我边说边看向陈同学。她故意躲避了我的目光，支支吾吾地说："是……""你每天来老师的办公室，你知不知道老师的这些零食是谁拿去了呢？"她低声地说："不知道。"我的心突然凉了起来，对她感到非常失望。都到这时候了，她还不愿意承认。

策略4：亮出证据

这时候，我不得不亮出证据了。我严肃地说："其实，老师们都知道是谁拿了这些零食，办公室里是有监控的，只是你们不知道而已。老师们之所以没主动去找那位同学，就是希望她能够主动来跟老师承认错误。知错就改，还是好孩子。"听到有监控时，陈同学惊讶得睁大了眼睛，不一会，豆大的泪珠就从她的眼睛流了出来。这时候，她慌了，战战兢兢地说："老师，对不起，是我拿了这些零食。"我的心里倒吸了一口气，她终于承认了。"你为什么要拿老师们的零食呢？"我满是不解。她一边用手擦了擦眼泪，一边说："我很喜欢吃零食，可我爸妈从来不给我买零食，我又没钱买，所以看到老师桌上的零食就忍不住拿了。""除了零食，你还拿过其他的东西吗？""没有，我没有拿过其他东西！"陈同学摇了摇头。"那你有没有拿过其他同学的东西呢？""没有，我只拿过老师们的零食，其他东西从来没有拿过。"听到这，我稍稍感到了一丝欣慰，还好情节不算很严重。"老师，你可以不告诉我爸妈和同学们吗？我爸妈肯定会打死我，同学们也会笑话我，看不起我的。"陈同学用带着乞求的声音说。

策略5：约法三章

最终，我答应了陈同学的请求，同时我也跟她约定了三件事情：

（1）把没吃完的零食还给老师，并主动跟老师道歉。

（2）再也不能拿老师们的零食，没经过别人同意，不能拿任何人的东西。

（3）保持乐观的心态，不能因为这件事情影响学习。

这三件事情，陈同学都做到了。在班上，她还是那个乐于助人的孩子，成绩也还是那么优秀。似乎这件事从来没有发生过。而我有点惭愧，我并没有遵守我的诺言。我私底下还是找来了陈同学的爸妈，跟他们说明了这件事情。陈同学爸妈也表示他们确实家教严格，很少允许孩子吃零食。没想到孩子会做出这样的事情，他们感到很抱歉，以后会注意教育方式，适当给孩子一些奖励。

我虽然答应了不把这件事告诉同学们，但我在班上召开了一节有关的班会课——《继承中华传统美德，做一名诚信之人》，让同学们了解中华民族的传统美德，摒弃不良的行为，做一名诚信正直的人。

看着陈同学一如往常的表现，我心里有点庆幸。还好我的处理方式并没有给这个孩子留下太大的阴影，也没有使她走向自暴自弃的道路。每一个孩子都是天使，但天使也会犯错。当孩子犯错，我们不能一味地批评责罚，也不能乱给孩子贴标签。为人师者，应该向他们伸出热情而有力的双手，搀扶他们去跨过成长路上的每一道沟坎儿；让每个学生都在健康的、诚实的心灵之路上不断迈进。

[本文曾于2020年6发表在深圳报业集团"深学"APP上（有改动）]

在领导实践中培养学生领导力

——以2017年深圳市光明小学爱心义卖活动为例

深圳实验光明学校 林小燕

什么是领导力？也许有人会想到称上级为"领导"，会在潜意识里以为领导力就是"官本位"、权力、权威。但我们认为，领导力是一种综合素质，不仅包括创新能力、沟通能力、合作能力、实践能力、社会适应能力，也包括积极的人生态度、主动学习的行为、主动帮助他人的意识和社会责任感等。

学生领导力的培养可以有多种途径。但如同只有在游泳中才能学会游泳一般，学生领导力的发展，也需要在学生真实领导着的实践中实现。下面笔者将以深圳市光明区光明小学2017年爱心义卖活动为例，讨论学生领导力培养的具体途径。

一、改变，源于一封信

深圳市光明区光明小学传承了20年的传统爱心义卖活动，一直以跳蚤市场的形式开展。具体的开展方式，是按照班级个数设置相应的摊位，每一个班级各自筹集一些物品，没有具体分类。但在2017年3月，这一活动因为有了一个班级的领导力表达，却实现了转型。这是三年级（6）班同学写给学校学生发展部的一封信：

> 老师您好，我们是三年级（6）班的班委。我们觉得过去的义卖场缺乏规划。我们建议模仿商场模式，按照商品规划区域，这样大家买东西，会更有目的性，更方便。
>
> 三年级（6）班班委会

也正是这封信，进一步让学校改变了上传下达的布置模式。学校进行了调查研究，基于学生的成长需要，根据孩子们的建议，学校组织各部门对2017年的义卖活动做了深度的研讨，结合年级长、班主任、家委会以及学生的意见，改变了原来按班级设置摊位的模式，设定三个街区，分别为"杂货街区""专业街区""游戏街区"，并由各中队自主申报义卖摊位。

事后，学生发展部的饶主任说："这是一班独特的孩子，心中装有整个学校，思考的角度已经超越自己的班级。他们的一封信给我带来了很多思考，我很受启发。"同年级的陈老师说："天啊！同样是三年级，我们班的孩子还需要我一步一步地牵引着，三（6）班的孩子却想着学校的活动了，简直让我们惊叹。"分管校长何校长认为："这就是参与实践活动多的孩子与众不同的地方。他们的思维方式已发生改变，思维的角度和高度已经明显超越同年级或高一年级的孩子。"

是啊！这里的学生领导力就体现在：能基于学校的大型活动，能站在学校的角度思考问题，能勇敢地表达观点，能主动地影响学校决策！

二、以学生领导力影响学校决策

领导力的提升源于真实的实践；也只有参与实践才能提升学生的综合能力。我们班级一直参与"新基础教育"研究，一直高度关注实践；学生领导力的发展，就是学生在真实地参与领导实践中发展而来的。

1. 在参与调查中发现问题、寻找变革方向

学生领导实践并非直接去"指挥""指派"他人，而是源自对自己生活世界的敏感与自觉，是寻找改进与发展的方向。其中调查研究是非常能锻炼学生领导力的环节。在这次义卖活动中，学校领导风格的改变，也促成了学生领导力的发展。

针对这次义卖活动，学校需要面对的问题是：传统性活动如何寻求突破？之前学校只是按部就班地把任务布置到每一个班级，凭着经验一年一年传承下来，没有尝试过在活动开展之前听听孩子们的声音，没有让孩子们参加过策划，也缺少针对性的总结。在"新基础教育"引领之下，基于学生的成长，学校领导和教师开始注重对学生领导力的培养，把活动还给学生，让学生参与策划、组织。

这封信是如何产生的？是学校在义卖活动开始之前下发的一份调查表，引起了孩子们的议论。以往的义卖活动，你印象最深的是什么？你觉得我们学校的义卖活动有什么不足的地方？需要怎样改进？如果让你来策划义卖活动，你会怎么做？这些问题勾起了孩子们的回忆，也引发了孩子们的思考。

很多孩子印象最深的是2016年的售卖蛋糕，刘同学却觉得是因为摊位安排较乱而找不到想要买的物品。他觉得学校应该合理规划一下，不应该简单地按照班级来安排摊位。若不按班级安排摊位，那应该怎样安排呢？

于是孩子们七嘴八舌地议论起来。有的孩子说："我家是卖电动车的，我们一般按系列款式摆放。"有的孩子说："我们家是开文具店的，我们一般按作业本、文具盒、笔、橡皮的种类摆放的。"也有孩子说："我们家在商场里开鞋店的，我发现商场一楼全部是卖鞋的，要买鞋子只需要到一楼就可以了。"这些话引起了更多孩子们的思考："对啊！寒假时我到姑姑家的超市当售货员的时候，也是发现物品是分类摆放的。""对啊！对啊！寒假时我也去超市打工了，当摆货员，东西分类摆放确实容易找。"

从学生发展的角度看，这次对学生的调查，使得学生不仅成为被调查的对象，而且成为参与调查、主导调查的主体，进而形成了自己对义卖活动改进的方案。笔者对本次义卖活动变革中最早提出改进意见的同学做了访问，更体会到了学生参与调查研究所具有的价值。

师：如果让你来策划学校的义卖活动，你会怎么做？

刘同学：策划学校的活动，我们是不是可以考虑像我们班去年的义卖活动一样，让每个人都有事做，在做之前就先调查了解大家的想法、预设可能存在的困难，再进行组织。最好允许每个班级都有自己的特色。

师：那具体应该怎样做呢？

刘同学：我们首先要了解有哪些商品，可以仿照商场招商模式一样，在全校进行招商，各班级可以自行申报。

师：你为什么会这样想呢？

刘同学：一年级时，我们都是带一些旧货物品来义卖场卖，没有什么新鲜感。二年级时，您带领我们班亲手制作蛋糕，很有意思，也与别人很不一样，是我们班独有的特色，但是我发现在这有意思里面存在着一个问题，在义卖场，我既是一个销售者也是一个购买者，当我想去购买自己心仪的物品时，却发现不知道应该去哪个摊位买。所以我想，我们学校的义卖场是不是可以考虑模仿商场的布置模式，按照商品规划区域，这样大家购买东西更方便又能节约时间，目标也更明确。

2. 主动沟通，表达自己的意见

在讨论中，孩子们已经明晰了改进的方向。但刚开始，不知道该怎样表达自己的意见。他们想选派班长到学生发展部找负责的主任面谈，但又不知道如何开口。机灵的L同学提出："要不我们写一封信，制作一张贺卡，画上我们的班级标志，送过去给饶主任吧！这样既有新意，又能以班级标志体现出我们的班级特点。"可是这封信由谁执笔呢？孩子们的目光一起投向小怡同学，因为她是学校文学社的成员。

在孩子们共同努力下，小怡同学执笔写下这封信并修改了三次。可这封信由谁送呢？刚开始孩子们有点不好意思，你推我让。这时，小晴同学自告奋勇地站起来说："我觉得这封信我送最合适，因为我是学校大队委，接触饶主任比较多，也理应承担这件事。"从孩子的清晰表达中，可以看出孩子主动沟通的意识，他们善于表达自己的观点，敢于提出自己的意见，也能主动承担责任。

3. 积极体验，增强领导力意识

在义卖活动结束后，学生们充分体验到了自己的影响力。

下面是笔者对学生的访谈：

师：你觉得这次义卖活动，你发挥了什么作用？能影响学校活动吗？

邓同学：其实我很开心，没想到我们的建议会被学校采纳，而且真的改变了原来的旧模式。虽然因为天气影响，大家各自回到了自己的班级，但是最起码我会很明确自己购物的方向。如果说影响，我觉得是有的，以前的义卖活动是一个大杂烩，而现在设定了三个街区，由各中队自主申报义卖摊位，这样大家就会更有针对性去思考和准备自己班级的活动。其实我还有一个想法，我们的义卖活动是不是可以超越学校范围，如组建智囊团链接外面的企业等。

学生是发展中的人，教师需要以真实的实践激发孩子的潜在能力、培养孩子的领导力。从与孩子的访谈中，我们已经感受到了孩子的自我超越与突破，无论是引领他人的能力还是对自我的自觉，都在实践过程中一步步地提升。纵观整个活动，我们可以看到孩子们的综合素质在提高，学生更有主见，能力增强，善于创新，爱动脑筋，能想出更多方法解决相应问题。在上文的访谈中，这个学生事实上已经在提出新的改进方向了。

三、以学生领导力直接创生班级活动

从学校到班级，从往年到今年，我们基于义卖活动本身，改变了往年的模式，明确方向，进行岗位分工，借用资源解决实际问题，在突发事件中做出决策，在实践中创生班级活动。

1. 完成班级活动筹备

筹备活动是提升学生领导力的重要路径，因为在活动前期的规划中就需要有完整性的思考，还要在推进过程中预设、提取信息、正确选择。在众多事情中做出正确的选择，是一种判断能力，需要有对事情本身的理解与把握。

在前期的讨论中，孩子们提出各种建议：孩子有的说卖糖果，有的说卖玩具，有的说继续卖蛋糕，还有的说卖特色美食。在众说纷纭时，有孩子提出："你们的想法都很好，但是请问有根据吗？卖什么除了要考虑顾客的喜好，还要考虑我们的能力，我们是不是能够做出来，怎样做出来？选择是不是有意义？"是啊！随着孩子的成长，应该给孩子越来越多的自由和选择的权利。在学校大型活动的背景下，我们的班级活动如何开展？这需要结合本班的学生特点以及成长需要而选择。让每个孩子先创造自己，再创造自身生命之外的世界，融合其中，和谐共长。

孩子们分析了自身的情况，以投票的方式，确定申报"创意手工坊""创意美食坊""创意游戏街"三个摊位。

2. 岗位分工体现领导力

义卖活动是孩子们最喜爱也是最期待的，所以孩子们对这个活动充满热情，愿意投入更多的精力和时间。为了活动有效开展，孩子们根据申报的摊位统筹安排活动的相应岗位，进行分组，实行摊位负责制。每个部门的部长招募小组长，组建自己的团队，各司其职。

在这样的活动中，孩子们考虑的不是相对固定的班长、副班长的岗位，而是从活动的本身需要考虑哪个同学的能力更能胜任本次工作，结合同学的特长来安排适合的岗位。针对此次活动的分工，我对学生进行了访谈：

师：为什么不是选择班长或原来的小队长担任这次活动的组织者？

赵同学：班长在管理班级上，相对能力较强。但我们觉得义卖活动更需要有新想法的同学，比如孙同学，他的想法就跟别人很不一样，很特别，上次我们的《班级创意文化》就是他想出来的。

孙同学：每一个同学都有他的独特性，例如Y同学，虽然他的学习成绩不太好，但他很积极参加班级活动，而且手工做得特别好，让他去带领同学们会更有效果。

王同学：我虽然是班长，但我的主意不是特别多，所以我觉得让有想法的同学组织策划并安排人员，这样效果更好。（见下表）

三年级（6）班微笑中队爱心义卖筹备岗位招募表

时间：2017年4月20日　　　　　　　　地点：三年级（6）班教室

街区＼岗位	组长	采购	宣传	销售	后勤
创意手工坊					
创意美食坊					
创意游戏坊					

师：你觉得你能与同学合作吗？

生：那肯定了。我们班自从二年级成立了小队之后，就一直有合作。不但小队成员之间有合作，小队与小队之间也有合作，要不我们班的班级文化布置怎么能每一次都得一等奖啊！这次我们给学校提建议也是大家商量的啊！不过刚开始还是遇上了一些问题，有个别同学出现偷懒情况，也有些同学太爱表现，忽略了别人的感受，特别是爱捣蛋的浩同学。

师：那你怎么协调的？

程同学：我们跟他谈活动的重要性，也跟他说他的行为对别人造成的影响，最关键的是欧同学想到一个好方法——让他做后勤监督工作，这样他既能监督自己又能提醒别人。（见下表）

创意手工坊岗位轮换表

店长：朱同学			
收银组	后勤组	秩序组	备注
麦同学A	郑同学A	李同学	
钟同学A	黄同学A	赵同学	
余同学B	谢同学B	朱同学	
梁同学B	郑同学B		

注：店长：1人　　　　　　义工家长：梁同学妈妈、李同学妈妈
　　收银员：3个*2批=6人　A班：2：30—3：30
　　推销员：3个*2批=6人　B班：3：30—5：00
　　合计：13人

从孩子的话语中可以发现他们的组织协调能力，能使孩子团结互助。以这样的活动促进学生间的合作能力，提升他们的协调能力、沟通能力，这是培养领导力的很好助推力。

3. 借用资源解决问题

"老师，单靠我们的力量是很难把义卖工作做好的。我们是不是可以请教别人啊？"从孩子的话语中，我们明显感受到孩子有了资源意识。但怎么引导孩子去合理借力呢？跟谁借？谁去借？这需要孩子们的沟通能力。

孩子们根据活动的需要，选定了宣传工作要请教美术老师和学校的节目主持人；创意手工坊的项目较多，除了张同学负责剪贴画，还要邀请谢同学的妈妈给我们上发夹制作课；请欧同学的妈妈为我们做后勤保证；等等。孩子们有针对性地寻求问题解决的方法，在实践中解决实际情况，这样的实践为学生提供了真实、自然的人际交往场景，提升了学生的沟通能力。孩子们请家长到学校开展家长课堂，到社区去借用物资，有效地将家庭、学校、社区联合在一起。在活动过程中，学生与不同的人交流互动，在策划的过程中与学科老师互动，与同班同学合作，与家长研究探讨。孩子的这些能力不是老师直接教出来的，而是在实践中互动生成的。

4. 在突发事件中做决策

义卖当天，光明小学全校师生热情高涨，每个人脸上都洋溢着笑容。义卖仪式在大家的欢呼声、掌声中推向了高潮，孩子们早已按捺不住那欢呼雀跃

的义卖心。可突然雷电交加，大雨哗啦下。在这千钧一发的时刻，我带领着孩子们安全有序地应对，临时组织孩子们开了一个班会，用十分钟征求孩子们的意见：怎么办？有的孩子觉得要在教室里临时摆摊，有的孩子觉得应该摆设流动摊位售卖。两种方式都有支持与反对的声音。孩子们经过讨论、分析之后，决定实行两种方案：①流动摊位售卖，分成十组，两人为一组，并请一位家长陪同，到各班级穿梭叫卖；②班级门口摆摊，由剩下的14名同学负责。说干就干，学生们临时分岗，火热售卖。在这短暂的十分钟里，当别的班级还不知所措时，我们班级的孩子们已经能快速地做出决策，想到了问题的解决方法。见证了现场的家长不由地写下自己的感慨：

今年义卖最让我感动的是又一次见证了孩子们的成长。开幕式过后没一会，天就黑了下来。在我们还没来得及防备的时候，倾盆大雨就袭来了，下得又快又猛。学校出于安全考虑，马上广播安排学生们有序地撤回班级，等候下一步安排。在手忙脚乱过后，我们把义卖物品撤回了班上。就在我们几个家长着急、不知道该怎么办、在门口讨论下一步策略时，林老师已经组织孩子们开始了讨论会。孩子们你一言、我一语地讨论起来，你出个主意，我提出问题，大家再一起解决问题，最终决定走出班级，拿起商品到各班级叫卖！在其他班的孩子还在吵吵闹闹等着老师安排处理的时候，我们班的娃已经分工明确地准备好义卖商品，游走在走廊上、邻班里。

——三年级（6）班欧同学的妈妈

"学生领导力"是当前教育研究的新视角、教育变革的新途径，是发展学生综合能力的重要表达。在本班级学生参与其中的义卖活动中，我们看到了真实的学生对学校决策的影响，看到了真实的班级活动的创生。我们相信，以真实的实践培养学生的领导力，是能够更好地实现"在成事中成人"这一目标的。

参考文献：

翁文艳，李家成.美国中小学生领导力培养的学科渗透模式［J］.课程·教材·教法，2013（10）：121-127.

（本文曾于2018年发表在《现代思想理论》期刊第10期上）

悦读名著，畅享"西游"

深圳市光明区光明小学　曾旭红

　　在一次午间阅读课上，我发现班里的孩子要么捧着《斗罗大陆》读得津津有味，要么沉浸在《笑猫日记》中乐此不疲。我十分纳闷，单元阅读主题推荐的书籍《西游记》，为何看的人寥寥无几。课间，我对同学们进行了随机访谈，以此窥探名著阅读的现状，发现了以下问题：

　　（1）经典名著与学生的学习生活比较割裂，学生主动阅读的兴趣不高。

　　（2）学生走马观花了解故事情节者多，深度阅读者少。

　　（3）市面上充斥着大量通俗易懂、贴近儿童生活的作品，学生更倾向于选择这类书籍阅读。

　　基于此，我开始思索：如何打破名著与学生生活的时空界限，让名著也贴近学生的生活，以激发学生持续阅读名著的兴趣？在名著阅读的过程中，如何培养学生搜集、处理信息以及合作的能力？如何在引导阅读的过程中，实现班级组织建设？带着这些思考，我与学生们一起开展"悦读名著，畅享'西游'"主题系列活动，并试图在主题阅读活动过程中推进班级建设。

一、激发自主性

　　市面上《西游记》的版本各种各样，是购买统一版本？还是由学生自由选择喜欢的版本？同学们为此展开了热烈的讨论。最后，大部分的孩子认为，购买统一的版本便于大家交流文本内容；小部分家中已有《西游记》的同学表示也能接受再买一本；其余同学则表示无所谓。于是同学们自主申报，组成"选书小队"，周末去书城，两人一组，先阅读一两个章节，然后总结优缺点，再决定选哪本。小新等几个孩子的妈妈，主动承担了来回接送学生的任务。

经过对比，同学们觉得接力出版社出版的拼音版《西游记》对于四年级的同学来说，有些简单了，但好处是里面每个章节都有一些练习，比如形近字组词和词语造句，还有趣味思考题；金波老师推荐、湖北教育出版社出版的美绘版《西游记》，最大的特点是里面有详细的西游路线图以及人物介绍一览表，缺点是句子比较平实；岳麓出版社出版的绣像珍藏本《西游记》最接近原著，不过有些同学觉得理解起来有点困难；中国少年儿童出版社出版的白话美绘版《西游记》，不仅有名师批注，而且每一章节还有名师点拨、佳句积累和思考题，只是分成上下卷，书很厚重而且有些贵，也没有插图，同学们觉得字太多看得有些难受；余秋雨老师推荐、由天地出版社出版的《西游记》，绘画精美，色彩鲜艳，只是带拼音，略显幼稚；人民教育出版社出版的原版《西游记》，全是字，太难了；由化学工业出版社出版的青少年版《西游记》，句子描写比较生动，还有批注；中国文史出版社出版的《西游记》既有插图，又有批注，语言也比较生动优美；浙江教育出版社出版的新课标必读版《西游记》，语言通俗易懂，也有很多的好词好句，虽然没有插图，但批注精炼，而且封面很漂亮。

经过一天的对比讨论，结合价格，大家决定选用浙江教育出版社出版的《西游记》。同学们都非常感谢选书小队的付出，纷纷表示肯定。购书小队的几名同学在当当、淘宝、京东、亚马逊，还有孔夫子旧书网上搜寻，最终确定了在当当网上的一家私人店里购买，而且该店店主还给了团购折上九折的优惠。选书小队的队员们为每个人省下了一元多钱，大家都为此欢欣鼓舞。

在这过程中，同学们纷纷感言收获很多。有的说，我都不知道原来《西游记》有这么多的版本；有的说，我今天看书的时候，丝毫不敢分神，怕自己看得太慢耽误大家的讨论；有的说，货比三家，才知道买东西原来有这么多细节要注意；有的说，我还学会了跟人讨价还价……曾妈妈说：我家小孩以前到书城看书，时常跑来跑去，今天却看到他一个上午专注地在看书，挑书，感觉他的专注力一下子提高了好多。赖妈妈说：我家小孩在几个网上查书，他货比三家，学会对比，学会选择，也学会了精打细算。

二、激发创造性

书到了以后，发书小队的同学们快速把书抱回班里，发放到每一个同学手里。因为是同学们自己选的书，大家的阅读积极性也比较高。我也利用一周一节的阅读课，按部就班，先带领孩子们进行系列化阅读，再根据他们的阅读情况调整阅读策略。

没过几天就有一小部分学生的阅读兴趣开始明显下降，直接表现为把《西游记》一书束之高阁，理由多半是"我看完了"，确切地说应该是"我翻完了"。也有一部分同学，因为父母没空陪伴等各种各样的原因，始终无法参与到阅读活动中来。如何让更多的孩子卷入式地参与到班级阅读活动中来？借助这次阅读活动，我还可以如何推动班级建设？

为了解决这些问题，我组织学生讨论如何打破"手抄报+读后感+读书笔记"阅读三部曲的禁锢，以更有趣的主题活动形式来提高同学们的阅读质量。同学们纷纷思考，七嘴八舌：可以像六一儿童节那样举行一次表演？要不来一次西游记美食会？我们也可以像去年中秋游园那样，把《西游记》里蕴藏的各种知识分解到各个关卡，让同学来进行阅读闯关……

我引导同学们：假如我们要围绕《西游记》开展一次主题活动，我们可以采用哪些形式来开展？假如让你表演一个节目，你会表演《西游记》中的什么？为了这个表演，你需要准备什么？你要利用什么时间来排练？你需要哪些帮助？同学们纷纷思考，写起策划书来。

三、自主策划

从同学们交上来的策划书里，我发现他们多半停留在点状、碎片化的某个节目中，比如唱一首歌、表演一个故事情节。但卢同学的策划方案却为我们提供了一个新的视角。

他以节目展演的形式，从音乐学科的角度完整策划了一台展演节目。我将卢同学的策划方案展示给全班同学看，并启发大家能否以玩伴团的形式，结合同学们的兴趣爱好，来自主申报"畅享西游"活动成果。

个别活跃的孩子马上举手说：《西游记》里有很多的妖魔鬼怪，我们可以考究妖魔的动物原型，开发西游动物王国；《西游记》里出现了大量的神仙，我们可以统计出场的神仙并搜集他们的介绍，形成西游四海八荒神仙王国；《西游记》里出现了各种各样的兵器，我们可以整理兵器清单，并选择自己喜欢的兵器动手制作；《西游记》中有很多的歌曲，可以采用音乐+表演的形式，即创编西游音乐剧……

前三个想法我非常赞同，可是最后一个"西游音乐剧"与《西游记》这本书有什么关系？那些音乐都是电视剧或动画中才穿插的吧。我提出自己的疑问，同学们马上就被我问倒了。看着他们沉默的样子，我再次引导：这些音乐创作背后的故事，是否可以作为补充阅读的材料？1986年能拍出这么好的电视剧，他们是如何拍出来的？其中的曲折与唐僧师徒历经重重劫难方取得真经的过程，是否有相似之处？这中间，又有哪些值得我们大家学习的？

同学们恍然大悟。他们依据自己的兴趣爱好，各自到发起人那里报名。于是，四个阅读玩伴团就此成立：西游妖魔团、西游神仙团、西游歌舞团、西游兵器库。"畅享西游"活动开始转向同学们自行组织引导。

四、推动班级组织建设

学生们是教育的主体，他们之间蕴含着巨大的能量。正如《西游记》中的师徒四人，虽性格迥异，各有特点，但组合在一起，却战胜了重重阻难，最终取得了真经。在这次的阅读主题活动中，玩伴团成员之间的教育力量不容忽视。要让玩伴团活动成为自我教育的力量，首先要有严谨的组织、严格的纪律、清晰的目标，以及严明的奖惩措施。

于是，玩伴团队长、副队长、阅读记录员、资料整理员等岗位应运而生，各自的职责也依据玩伴团任务有所区别，比如队长、副队长主要是组织玩伴团活动的开展；阅读记录员，主要督促组员按时完成阅读任务，将从各章节收集到的妖魔资料发给资料整理员；而四个玩伴团的资料员职责则各不相同，妖魔团主要是制作表格，内容涵盖妖魔名称、特点、对应的原型等，神仙团则是整理PPT——图片+文字介绍，歌舞团的努力编排舞蹈，而兵器库的则选择制作小视频……随着确定了玩伴团阅读活动的展示方法，同学们上交的内容也逐渐清晰，上交资料的时间各小队基本确立为三天上交一章节的内容，每个玩伴团视人数不等，一人基本负责三到五章的内容整理，三周后利用班会时间和阅读课时间集中展示。

因为中段孩子的年龄特点和能力发展的局限，玩伴团阅读活动开展过程中，也出现了各种各样的问题，如个别平时就极其拖拉被动的孩子，不能按时上交资料，强大的阅读记录员们用尽各种方法各种催：暴力吼、温柔粘、夺命

CALL、友情牌、告状招……层出不穷。个别玩伴团遇上几个患上要命拖延症的同学，还发展出了"催促团"，一对一专项催促服务。平时连我都只能"无奈磨"的几个有拖延症的学生，竟被平时不怎么起眼的几个"阅读记录员"收拾得服服帖帖，准时完成了分配的任务，这让我不禁感叹学生们的能力远不是一张试卷所能概括的。而副队长也由每队一个副队长，增加到了三到四个副队长不等，孩子们在玩伴团中，再设一带几，分别指导大家如何阅读。队长和副队长的阅读能力当然都是比较强的，队员提前完成了阅读和整理任务，也可以申报担任下周的副队长。除了奖励，玩伴团内部成员之间也互相竞争，以调动大家的阅读积极性。而我，则定期召开玩伴团小结会，让队长、副队长上台总结玩伴团的活动情况，我再有针对性地提出建议，供同学们参考，并及时给予玩伴团物质支持——准备好奖励的物品等。

"畅享西游"展示活动，妖魔组的成员们最终确定了成员们戴动物原型的头套上台，边介绍动物出处边展示原型，像白骨精这样的妖怪，同学们觉得她没有动物原型，就不列入妖魔组的范围内；神仙组的成员们，配合PPT图片和文字说明，来了一个神仙出场SHOW，把一个个大摇大摆的神仙们演得惟妙惟肖；歌舞团的，上来就表演了一场热情的印度舞蹈，然后为同学们补充了《天天向上》《鲁豫有约》等节目采访中《西游记》制作背后的故事，也给同学们呈现了一场现代版的拍摄"西游"取经之旅；而道具组的组员们，手执制作的各种道具，铿锵亮相，有个学生甚至想到剪切废弃的旧水管来拼接猪八戒的九齿钉耙，更不要说还有孩子请求信息科组的老师，用3D打印技术打印出来的七宝玲珑塔，让人赞叹不已。

小队的展示还要上升为集体的收获。于是在各小队展示完后，我又布置了相应的任务，让大家依据各小队提供的资料，重新回到自己的书中，划出相应的内容，并写批注。然后，再依据大家的批注，进行小组轮换交流阅读，并给予了相应的奖励。大部分的同学终于把这本厚厚的《西游记》"啃"得滚瓜烂熟。

名著历经时空洗涤而流传千古，但名著中描写的生活与现代学生的生活差距较远，要让学生对名著阅读保持兴趣，让名著贴近学生的生活，就需要我们打破时空的界限，挖掘名著中蕴含的现代生活元素，通过有趣、时尚、充满挑战的系列活动来吸引学生的注意力。因此，活动内容要丰富多彩，学生参与活动的方式也要多种多样，以迎合学生好奇、求新、好表现的心理需求，借此激发学生持续的阅读兴趣，并在阅读过程中推动班级建设，实现学生的互动交流。

[本文曾于2020年10月发表在深圳报业集团"深学"APP上（有改动）]

唯愿做一名推窗人

深圳市光明区东周小学　缪志娣

我们常听到这样一句话："上帝为你关上一扇门的同时，就会为你打开一扇窗。"这句话虽然是老生常谈，却耐人寻味。我们常用它来安慰一个身处绝境或是心怀放弃的人，希望对方懂得天无绝人之路，车到山前必有路之理。可是我们却常陷入窘境，我们总希望对方能够燃起心中火焰，好好生存下去，殊不知在如此境遇里的人，心已如死灰，要想复燃，谈何容易。其实，这个问题，换一种思路便可迎刃而解。他的门被关了，又不知窗在何处，如果想要救他，便可帮忙把窗户推开，在阳光投射进入那一刹那，便是生机重现之时，这便是"推窗效应"。

就如某一天我上完课后，在班上逗留，小腾有意或无意地走到我的身边，跟我闲聊起来，"老师，跟你说个事，我有多动症，而且还是智力边缘，我不可能学好的了。"他说完，表面依旧不痛不痒地笑着。

"你怎么这样说自己呢？你跟老师开玩笑吗？"我满脸疑惑。

"我没骗你，周末的时候我爸爸带我去儿童医院测试过的。"小腾一本正经地说道。

我正琢磨如何跟他继续聊下去，这时响起的铃声解救了我。"上课了，下次再跟老师聊这个话题吧！"

回到办公室，我立刻给小腾的家长打了个电话，了解前因后果。原来，确实是小腾的家长周末带他去儿童医院做了检测，得出这样一个结论的。我不想说这样的结论给孩子带来了多少负面的影响，甚至让他产生自嘲自讽、自暴自弃、破罐子破摔的心理。但现在，这一结论已经深深地烙印在孩子的心里，伤害已然造成，老师与家长能做的只是尽力弥补而已。具体如何弥补，一时半会儿也真说不上来，只能坐等时机。

说回我们五年级（3）班，因为前面四年六度更换班主任，到我接手时，几乎是全校有名的"烂"班，远了不说，就说最近两年，每个星期都评比的"行为模范班"和"学习模范班"，我们班愣是一次都没得到过，遑论期末总评的"行为标兵班"和"学习标兵班"了。接手之后，我组织班上学生着手制定班规，落实奖惩等。一个月之后，班上可谓从头到尾焕然一新，好些学生在写"我们班的变化"时感慨道："感谢缪老师来到我们班，让我们班发生了翻天覆地的变化……"然而，在学生的行为规范逐渐回归正轨的同时，班上的另一些现象却此起彼伏，吵闹之风盛行，有时还会升级为打架斗殴，学生之间互相倾轧，斤斤计较蔚然成风。如此形势之下，班会课说教引导自不可少，可效果甚微。我只能继续寻找破解之法。

那一天我提前到达教室，看到黑板还没擦，正准备去看值日表，提醒值日同学尽快行动。这时，小腾拿起黑板擦迅速擦了起来。我暗道，"还算醒目。"可当我看到值日表上的安排时，却发现小腾并不是今天的值日生。于是，我灵机一动，想我得好好表扬表扬他。

"同学们，今天上课前我想跟大家分享一个感动瞬间：有这样一个人，为大家营造了一个干净明亮的环境，让我们的黑板洁净如新，这个人是谁呢？他就是小腾。今天并不是他值日，但他不计较得失，不辞辛劳的举动让我感动，请让我们用最热烈的掌声对他表示鼓励与感谢。"掌声响起，而他害羞地咧嘴笑了。

自此，我每天都会有意无意地找机会肯定小腾的表现，或是肯定其他同学做得好的地方，也会抓住时机，制造正舆论，弘扬正能量。

例如，我们每次考试都需要把原本四组八列的桌椅变成六排七列，这就需要重新调整桌椅摆放。面对又沉又重的桌椅，需要调整的同学总愁眉苦脸，甚至怨声载道。这一次，当我下令考试摆桌子时，小腾二话不说，立即带头帮忙，几个学生一人移桌子，另一人移椅子，显得轻松简便很多；看到小腾帮忙，另外几个学生也纷纷加入行列，风风火火干起来。记得我接手之后第一次考试需要调整桌椅时，前后用了15分钟，我看得火冒三丈，觉得这么简单的事学生却如此龟速。而今天几个同学主动帮忙之后，时间竟然只花了一分半钟。

于是，我在班上大力肯定了主动帮忙的同学："大家是否被今天桌椅调整的速度惊呆了？记得上次我们用了15分钟才调整好，还让老师大发雷霆；而今天你们知道用了多少时间吗？两分钟不到啊。我们都要感谢主动帮忙的同学，他们是小腾、小谢……你们主动伸出援手，同学会对你们的友善感恩在心，我们的效率空前，为他们的友善点赞。"掌声响起，正能量在传递。

正是因为在一次次经意或不经意中的发现、肯定与发扬，孩子们的心在向善，孩子们的行为在改变，良好的班风在形成。经过一年的磨合与引导，到第二学期期末，我们班拿到"行为模范班"的次数是最多的，因而被评为了"行为标兵班"。

对我而言，每一次的发现与肯定，都是一次"推窗"。每每推窗，能够让孩子看到光明，看到希望，看到方向，就是我的用心所在。我愿为孩子们推开每一扇成长之窗，"亦余心之所善兮，虽九死其犹未悔"。

[本文曾于2020年12月发表在深圳报业集团"深学"APP上（有改动）]

实现学困生转化的策略与途径

深圳市光明区公明中学　石敏婷

　　班级管理是教师工作的重点，有效的班级管理可以提高学生的学习成绩，还可以让学生养成良好的学习习惯与行为习惯，促进学困生的转化。班主任应借鉴积极心理学的观点，优化班级管理工作，丰富学生的情感体验，提高学生的自主意识，营造积极向上的学习氛围，促进学生的全面发展。

一、积极心理学概述

　　积极心理学兴起于上个世纪末，最早出现在美国，并迅速掀起了心理学研究热潮。积极心理学主张对人性采取积极评价的方法，把积极、正向的品质，也就是个体的积极因素，当作关注的重点强调心理学需要把个体原本就有的善端与美德当作起点，以积极的心态去解读各种心理问题，激发个体内在的优秀的品质。与此同时，借助这些积极的力量和良好品质影响其他人，挖掘他们身上的潜力。

　　积极心理学主要包括两方面的主要内容：一方面是积极的情绪。一些学者认为爱、自豪、高兴、满足等一系列积极情绪，有助于拓展和延伸个体的知行能力，可以打造和强化个体的资源，比如提高个体的社会协调性、智力水平以及体力等。相关的调查研究表明，积极的情绪能够丰富知行资源，而消极的情绪会大幅降低这类资源，积极的情绪可以有效地消除负面情绪。另一方面是积极的人格特征。它将人们看作具有一定适应能力、可以自我管理与导向的整体，在有关积极人格特征的研究中，积极心理学指出需要培养并塑造健康的人格，诸如乐观、智慧、执行、自尊、创造性以及自我组织与定向等。

二、班级管理和学困生转化间的关系

学困生指的是智力情况正常，但是在学习上存在一些障碍，与其他同学的成绩差异比较大的学生。学困生普遍不自信，有可能伴有抑郁、焦虑等情绪，他们的意志力较为薄弱，自制力不强，缺乏自我效能感。进入初中之后，学生的学习难度明显提升，学困生的数量越来越多，一些学生对学习存在抵触心理，经常会出现不及格的情况，甚至还有学生不能顺利毕业。初中班主任面临的最严峻的工作就是探寻学困生形成的原因，制定针对性的班级管理策略，采取因材施教的方法推动学生身心健康成长。班主任可以借鉴积极心理学中的观点，相信每个学生都是有内在潜力和发展潜能的。积极的品质不仅和先天有关，还和后天的教育养成有关，教师可以通过科学、有效的班级管理方式实现学困生的转化，把学生的自我调适与外部教育有机结合在一起，调动学困生的积极心态，让他们养成良好的人格，提高学困生的自信心，充分挖掘他们的潜力，从而做好学困生的转化工作。

三、积极心理学背景下班级管理工作中实现学困生转化的策略

1. 进行赏识教育

班主任在平时应细心观察学生，发掘他们的优势与长处，充分给予学生肯定和表扬，以此来提高他们的主观能动性，激发他们的巨大潜能，唤醒他们的良知和自觉性，充分发挥激励教学的教育价值。班主任需要尊重学生的个体差异，善于发掘学生的长处，当发现学生进步时不吝啬自己的表扬，让学生意识到自己也是有闪光点的，从而推动初中生的进步和发展。有研究结果显示，若个体没有受到赏识激励，那么他只能够发挥自身能力的20%到30%，在受到别人的赏识与激励后，他的能力是原来的3到4倍。所以对于学生来说，赏识和激励非常重要。每一名学生都渴望得到他人的赏识，赏识可以带给学生被期望和被信任的感觉，为他们带来精神上的鼓舞，进而向善向美。

2. 发挥期望理论的魔力

期望理论也被叫作"效价—手段—期望理论"，该理论是维克托·弗鲁姆率先提出的，他是北美知名的心理学家与行为学家，在《工作与激励》中首次提到激励理论。期望可以引发罗森塔尔效应，这可以简单地理解为当教师给学

生确立了能够实现的目标，在之后的学习和生活中不断地暗示并鼓励学生，可以提高学生的信心，为学生注入不竭动力，可以促使学生顺利地实现目标，让学生在期望当中收获信任、收获鼓励、收获自信，取得更好的发展。

通常情况下，后进生存在着自卑心理，对于学习自信心不强，甚至有的学困生会产生破罐子破摔的心理，沾染不良的习惯，给班风和学风带来负面影响。小李是班里的一名后进生，为了转化他，笔者仔细观察他的优势，帮他建立起自信，渐渐地改变了他的思想与行为。笔者还常常与小李话家常，关注他点滴的进步，帮他合理调整心态，想办法激发他的学习热情，适时鼓励，使其体会到来自老师的关心和关注，拉近教师与学生心理上的距离，让学生更加信服老师的管理，取得了良好的教育效果。由于信心和意志是能够使用心理暗示诱导与修炼的积极心态，对个体来讲，心理暗示的作用是十分巨大的，对于心理并未发育成熟的初中生来说，心理暗示的价值更不可估量。正是通过笔者的积极引导，小李逐渐进入了良好的学习状态，不良行为也很少出现。

3. 科学应用破窗理论

该理论认为：当一个人打破一个建筑的玻璃，没有在第一时间修复时，其他的个体也会受到一些影响，打破更多的玻璃。完好的东西没有人想着去破坏它，那些有缺陷的东西会受到更大的破坏。对于班级管理来说，当不存在"窟窿"时，没有人会钻"窟窿"；而当出现"小窟窿"之后，便会有其他的人搞破坏，把"小窟窿"变成"大窟窿"。由此不难发现，人能够改变环境，环境也能够影响人，如果班主任在班级管理工作中及时修补"破窗"，将隐患扼杀在摇篮里，我们的工作就会轻松许多。

在新学期开始时，因为学生们相互还不是很了解，所以笔者按照他们的自我介绍和意愿暂时确定了班干部的人选，然后在班级的宣传栏上张贴了班干部的名单。可是刚过几天班长的名字被其他人划掉了，笔者几经询问也没有找到是哪个同学做的。因此笔者在班会课上郑重地向学生解释选择班干部时，看到的是这些同学愿意为班集体服务，所以选择了他们，不论男生女生，也不论成绩好坏，只要愿意付出都可以竞争班干部。自开学以来，班长的表现大家都看在眼里，如果有同学认为自己能做得比班长还要好，可以公平竞争，用行动明志。同时，笔者还向学生强调了班集体团结的重要意义。课后，笔者找到班长鼓励他秉持初心，继续为班级贡献自己的力量，带领其他同学共同发展和进步。因为笔者在平时工作中可以及时将不良现象扼杀在萌芽中，班集体的凝聚力和向心力非常强，营造了良好的班风、学风，几乎每周都可以获得流动红旗。

综上所述，近几年，积极心理学受到教育工作者的普遍关注，为班级管理工作指明了方向。初中班主任可以充分参考上述班级管理的方式，尊重学生的个体差异，发掘学生的长处，给予学生肯定与表扬，在积极心理学的影响下挖掘学生的潜力，做好学困生的转化工作，促进学生身心健康成长。

参考文献：

[1]陈涛.班级管理中学困生转化策略研究［J］.考试周刊，2018（15）：182.

[2]秦建华.初中数学教学中转化"学困生"的策略［J］.散文选刊：中旬刊，2018（6）：42–43.

[3]周利辉.真教育是心心相印的活动——《我的教育思考》带给我的思考［J］.学周刊：下旬，2015（7）：100.

[4]陆红.初中班主任的班级管理艺术分析［J］.家长：上旬刊，2020（9）：71–73.

[5]程权枝.新型师生关系视野下初中班级民主管理策略探究［J］.科学咨询，2020（42）：216.

[6]韩方玉.初中班主任班级管理中的情感教育方法［J］.读与写，2020，17（34）：248.

（本文曾于2020年11月发表在《教育科学》上）

第五章

教研相长

　　为了更好地推动班级建设，让学生在班级的生活中实现各方面的发展，班主任需要提升研究意识，提升研究学生、分析班级现状的能力，从经验型转向科研型，从随意性走向系统性，有目的、有层次地组织各项班级活动，以推动班级建设的良性发展。

　　本章我们将探讨如何设计班级活动，以实现学生的自我发展；将以大量的活动案例，呈现研究型班主任们如何在实践中梳理班级活动的成果；将从班级建设的方方面面，呈现研究型班主任在分析班级现状、推动班级建设过程中的研究与思考。

浅谈班队活动设计的要素

——以《班级创意文化》系列活动为例

深圳实验光明学校　林小燕

　　印象中的班队会课，就是根据学校制订的计划而开展，班主任面对全班的同学灌输着精神大餐，班主任用苦口婆心把孩子喂得饱饱的，并觉得理所当然。"教师讲，学生听"为主的教育模式根深蒂固，可根本不适合小学生充满童真童趣的年龄特征，不适合学生的成长需要。以前上班会课，我只是按照学校要求，按部就班地完成，比如：学校要求结合书香节开展班会，我就设计了"书香弥漫"班会；或者响应活动号召，设计了"梦想艺术秀"班会，但在整体设计上缺乏了思考，不懂得思考目标是否合理，是否符合孩子的成长需要，没有思考活动是否有推进性，更没有思考过综合融通性。因为我当时心中只有一个念头：把孩子教会，就是完成了任务。后来实践了一年多的"新基础教育"理念下的班队会转变了我的观念。因为知识的传授，比起一个个有机生命的自我完善，要简单得多；实现学生的自我发展，需要整体的设计和扎实的实践推进。下面我将结合"班级创意文化"系列班队会活动的策划谈谈我的个人见解。

一、选题的针对性、可实现性

　　主题是班队会活动的灵魂，只有确立好主题，才能开展好班队会活动。班队会活动的选题，必须准确、可实现、有价值；应是围绕儿童发展特点、生活经验，以及班级学生的实际思想、行为情况结合学生的成长需要有针对性地确定的。像勇敢、自信、善良这些抽象的词语就没有可实现性，也很难有针对性地达到预期的效果与目的。只有站在读懂学生、理解学生、基于学生、发展学生的维度上，聚焦儿童的成长需要和核心价值观培养，挖掘有利于儿童生命成长的内容，结合班级的具体情况而设计的主题，才能真正促进学生的成长。如一年级新生入校可以设计"我是小学生""零的起点"等系列活动，六年级的就可以设计"毕业季"系列主题活动。

"行为乃发自我们的基本欲望。"只有学生真正想要的活动才是好活动，他们才乐意参与。2015年10月国庆假期回来，我们学校的教室内进行了整修，整个教室焕然一新，随之而来的问题是如何对教室进行布置，由于我外出学习，我们班的文化墙迟迟未动工，而别的班级已经弄得差不多了，孩子们看在眼里急在心里。正是这种情况，更加激发了他们完成这个任务的欲望。这是召开相应内容的主题班会活动的最好时机。了解了孩子们的想法后，我在"班级文化"活动的基础上，根据孩子们的讨论决定把主题设定为"班级创意文化之文化墙"，原因就是他们要打造出与众不同的班级文化墙，要有自己的创意，属于我们微笑中队的创意。"老师，我们是微笑中队的孩子，我们要有一种积极向上的精神，就如太阳花一样每天朝着太阳生长。那我们的创意之一就以太阳花作为象征物来设计文化墙。""老师，我去观察了很多个班级的文化墙，发现有一个共同的特点就是板块不清晰，我们班要弄的话，一定要好好规划，确定好板块，这样一目了然，会清晰很多，这也是别的班级不具备的创意之一啊！"孩子们投入其中的劲头已经为这次活动的成功做了很好的铺垫。

二、目标的清晰性、可达成性

当选定了一个核心的主题，挑战就来自活动目标的清晰性、可达成性，这是将活动的育人价值直接转化为学生发展目标；也只有目标清晰、合理了，才能更好地安排活动的各个环节与资源的配置。根据学生的发展联系活动整体，思考具体可达成性等方面，我在设计"班级创意文化之文化墙"时设定的目标是：组织学生参与活动，在活动过程中，体悟合作的重要性，明确分工，尝试合作，并在汇报中学习评价，促发创意意识的再发展。新基础教育理念下的班队活动目标是孩子可碰可及可触可操作的，是具体而可实现的，并不是抽象的掌握了什么，体会到某某情怀或培养什么责任意识之类的，更不是空口说大话。它更注重学生的尝试体验和小队同伴之间的合作。在孩子们动心之后组织孩子们参加活动这已是轻而易举的事情，在活动过程中孩子们与同学合作，根据个人的特长分工，还设置了设计组、手工组、书画组、资料收集组、执行组，在小组中各显特长，团结合作。在活动汇报过程中，最令我感动的是孩子们都非常开心地对同伴竖起了大拇指，还侃侃而谈从同伴身上学到了很多知识。这是合作的最高境界啊！

再如，在《班级创意文化之文化墙》活动的基础上，聚焦小队合作的成长节点，给学生创造分享交流的机会。搭建"走进图书馆"这个平台，将现实生活整合到班级建设，给孩子创造自我展示的机会。有了前期的合作经验，孩子们的合作意识越发强烈，小队合作就更胜一筹。在"班级创意文化之图书馆"活动中，我采取工程招标，小队承包项目的形式开展活动，微笑中队的五个小队在小队长的带领下，同心协力承包了图书来源、借阅制度、激励方案、图书编码、阅读存折五个项目，还根据自己完成任务的经过，编排了富有特色的汇报节目。以前我设计班会课从未想过把现实的生活整合到活动中，总觉得那些离孩子很远，遥不可及，不是他们那个年龄可以触碰的。其实很多时候，是我们把孩子关在笼子里了，不愿意放出去。这些清晰、具体的目标，学生能达到、能在其中实现，尝试到成功的喜悦。

三、设计的系列性、可融通性

新基础教育的班队活动不是一个散点，不是根据事情的情况灵机一动而设计的，更不是为了应急完成任务而设计的，新基础教育的班队活动是根据学生的成长需要，系列完整地规划适合孩子成长的活动，活动前有准备，活动后有后续，活动现场也高度集聚教育资源，整个活动环环相扣，紧密联系。因此，在构思活动的过程中，联系班级的实际情况，我运用综合融通的思想，打破学科之间的界限，将其他学科资源迁移过来，使之成为班队活动的一部分。我从班级文化建设入手，整合学科资源、生活资源和文化资源，密切联系学生的社会生活、情感体验，与学科老师合作，促成班级建设与学科教学的融合，将相关资源汇聚，让学生成为班级文化建设的主力军，促成活动质量的整体提升，实现活动的整体架构。"班级创意文化"系列活动分为三个阶段："班级文化增值""班级文化墙设计""班级创意文化之图书馆"。

三个活动是相关联，循序渐进的。"班级文化增值"提升了班级的精神文化的内涵，为班级的隐性文化奠定了基础，小队建设也为后面的活动开展做了充分准备。有了自己的班级文化精神，开展"班级创意文化之文化墙"的活动，学生就有话题可谈论，知道围绕着微笑中队的班级文化精神开展，知道创造出属于微笑中队的特质。有了前期的体验，第三期的活动就水到渠成了，学生按照他们的想法，按照他们的创意去建设班级图书馆。

　　活动的过程如下：第一阶段是班级文化增值。因为我们班原本有自己的中队名称、标志，但不够完善，所以要对班级进行进一步建设。首先是提取中队的内涵，确立了团结、合作、积极、微笑面对的精神内核，确定了班级口号：我们相约一起微笑。找到班级精神的象征物太阳花，根据班级的实际情况重选班歌《和快乐一起》，最后是班级建设的重中之重——小队建设。

　　有了组织建设，就有了地基，做事相对就容易了，"班级文化墙设计"活动的第二阶段中，孩子们根据个人特长自由选择项目，各显其能，整个活动取得了较好的效果，班级文化墙被评为学校特等奖。活动首先是回望前期：回想以前的文化墙设计，初步构思设计，个人初步绘出心中的想法。接着实践推进：学生参观他班文化墙，集思广益，综合大家意见、小组分工合作、收集资料。美术课上学习板报设计、手工制作；礼仪课上学习大方表达；语文课上指导写话。课余时间与家长一起剪剪、画画、玩玩。活动的进行离不开行动汇合，在班队活动课上，每组汇报展示、交流互动、实施评价，展示活动成果，展现创意。学生在搜集资料的过程中收获了查找资料的能力，在手工制作中锻炼了动手能力，在排版过程中提高了审美能力，最重要的是在活动过程中锻炼了思维能力。活动打开了学科的通道，实现了综合融通，锻炼提升了学生的综合能力。有了前期活动的开展，孩子们积累了一定的经验，第三阶段的"班级图书馆"的开展相对就容易多了，我也选择了放手，尝试着让学生们自己去解决问题。活动的第一环节是带着孩子们走进深圳市图书馆，了解图书馆的运作，了解图书的分类，了解图书的编排、借阅制度。在了解了图书馆的运作后，图书馆工程就正式启动了，首先是整体架构图书馆工程的项目（保证图书的来源、设置适合的借阅机制、制定阅读激励方案、给图书编码、设计阅读存折），设定项目之后就是招标、小队承包项目，承包之后对项目进行活动的筹备分工合作，在活动的实践推进过程中，我依然秉承着综合融通的思想，与各学科联通，让学生在数学课上学习图书编码，在美术课上学习阅读存折的设计与制作，在音乐课上学习会演编排，在班会课上反馈图书工程进展情况。各小队在活动的开展中都不同程度地遇到了问题，值得庆幸的是孩子们有了前期活动的引领，知道如何去寻找答案，知道如何去找援助，知道如何去查找资料，在活动的开展中提升了综合能力。

四、过程的扎实性、可推进性

长程系列活动的过程推进需要动态生成的能力，需要根据活动的变化对资源进行捕捉、判断、转化、重组来推动班级活动的整体发展，这样才能扎实地落到实处，才能实现活动螺旋上升，更好地推进。从学生的成长出发，需要班主任站在学生的立场，尊重儿童的独特性，弘扬其个性，提高其参与意识，让儿童成为活动的主体。

二年级孩子受学习能力的限制，班级文化的建设开展有一些难度，因为他们处于模仿学习、积累经验的基础阶段，所以班主任的主导、引导学生的参与不可缺失。2015年10月，二年级开学一个月，基于孩子们的能力水平，我请孩子们根据自己的爱好设计文化墙的版块图，有的孩子以绘画的方式表达，有的孩子以文字的方式表达，还有的孩子以粘贴简报的方式呈现。

学生们虽然水平参差不齐，但能全员参与，体验成长的过程。在此基础上，完全了解了孩子们的思想动态，倾听来自他们心底的声音之后，我找准契机，与孩子们共同探讨文化墙的版块设定，活动中学生们个个热情高涨，纷纷献计献策，有的说："老师，安全是我们学习生活的重中之重，要设定安全板块。"有的说："既然要有创意就应该以我们班的活动照片为载体，设计一个活动照片墙，就叫'我型我秀'。"还有的说"文化墙可以是我们的老师，可以在上面设计一个学习园地，定期更新内容。"……虽然这些意见与建议比较零散、缺乏针对性，但他们已经去认真思考了，而且能在思考的过程中获得成长。为了更好地推进活动，我组织学生围绕主题做文章，多方面思考怎样才能体现出微笑中队的特色，怎样才能显得有创意。孩子们积极参与，勇于承担，在活动中凸显了主人翁的意识，还根据个人特长，自由选择分成资料收集组、手工组、绘画组、设计排版组、执行组五个项目组执行任务。每个小组各尽其责又团结合作，还请教了美术老师与家长委员会。在扎实地开展的过程中，学生有了探索意识，学习了策划能力；有了团队意识，增强了合作能力；萌芽了审美意识，提高了审美能力。孩子的成长过程是一个连续的过程，成长过程中的关键性节点起到了至关重要的作用。在"班级创意文化之图书馆"活动中，孩子们通过招标会将班级图书馆工程分为5个项目，以小组承包项目的形式开展活动。我曾担心孩子们设计不出阅读存折，便给他们设计了一个参考模板，可孩子们不领情，因为他们想做出属于他们自己的阅读存折。

当时我的内心是欢喜的，因为看到了活动开展后学生的变化，他们不再是被老师牵着鼻子走了，他们有了自我意识，有了独特的思考，有了成长的欲望。学生主动参与的过程就是学习的过程、锻炼的过程，也是扎实地推进活动的过程，他们在成事中成人，在参与中体悟活动的真谛，在活动实践中体会成长的快乐。

五、活动育人的价值性"成事成人"

传统教育的弊端就在于学生缺乏自主选择权，处于"被教育""被学习"的状态。学生缺乏学习的兴趣，缺乏自觉的学习积极性。新基础教育理念下的育人价值体现在尊重生命的高度，尊重孩子的自尊，尊重孩子的差异，尊重孩子的人格，尊重孩子的生命成长。

在活动中，学生体验到了成长，思维也发生了很大的变化。例如，在与孩子的一次简单的交流中我问："你在活动中找到了一个怎样的自己？"一个个自豪的声音在耳边荡起，"我找到了坚强的自己，虽然我的手受伤了，但我一直坚持参加活动。""我找到了谦让的自己，在活动的过程中，我学会了做一个谦让的孩子。""老师，我不但找到了爱学习的我，我还找到了善良的世娟，爱思考的冠桦……"通过活动的孕育，孩子的这些动态思维破土萌芽，随时可见。

学生的潜力是无穷大的，你给他一个舞台，他就能跳出最美的舞蹈。在2015年12月6日"班级创意文化之图书馆"的汇报会中，我尝试着放手让孩子们选择自己喜欢的方式汇报工作，我惊讶地发现孩子们把自己做的事情编排成了舞蹈、小品、话剧、诗歌朗诵（见下表）。

《班级创意文化之图书馆》的汇报表

小队名	太阳花小队（10人）	星星小队（10人）	向日葵小队（11人）	彩虹小队（11人）	英勇小队（11人）
汇报形式	情境舞蹈	小品	诗歌朗诵	话剧	情景剧
我的看法	最令人赏心悦目的是孩子们利用自己的特长改编了《雁群飞》的舞蹈，学以致用	幽默的天赋在这一小队的成员身上体现得淋漓尽致	把小队执行任务的过程总结成诗歌。这是学生的学习再提升啊	把小队多次寻找图书来源受挫的情景排成话剧，这是对所做事情的很好总结	在英勇小队的带领下，全班最胆小的小罗，也能一次次地在全班同学面前展示自己

这是我始料不及的事情，二年级的孩子，竟然有如此强的创新能力、综合能力。教书十来年，这是我以前从不敢放手让学生触及的事情，这是坚持一年多的新基础教育活动开展带来的成果，孩子在活动的开展中锻炼了各种能力，在成事中成人，体现了活动多维育人的价值。

在活动的开展中，我经常收到孩子们的信，时时享受着孩子们成长的喜悦。2015年的12月，我又收到了孩子的来信，有一段话是这样写的："老师，是您培育了我们，我们就像一粒种子，老师用心培育我们，但我们只能用一片片绿叶回报，感谢您，老师！"是啊！新基础教育的种子已经在我们的心中埋下，绿叶的回报就是根的回报。孩子们，你们是好样的。用孩子的话说："人生有限，学习无限。"在活动中的形形色色、点点滴滴，串联起来就是满足学生成长需求的路径，搭建起班级文化建设的台阶，提供给学生展示的舞台，实现学生成长的创生。

总之，主题活动的选题、设计、过程的推进，直接建立在本班学生成长需要的研究基础上，所以班主任需要自觉地与学科教师合作，整体架构促成班级建设和学科教学的融通。选题要有针对性，目标要清晰，过程推进要扎实，这样才能更好地实现育人的价值。班级文化建设不能离开学生的发展，文化建设的过程，就是学生成长与班级日常生活得以发展的过程，学生参与了集体生活，创生了文化，并在相互交流中成长，体验生命成长的价值。

参考文献：

［1］李家成，王晓丽，李晓文.“新基础教育”学生发展与教育指导纲要［M］.桂林：广西师范大学出版社，2009.

［2］李家成.班级日常生活重建中的学生发展［M］.福州：福建教育出版社，2015.

走进自然，触摸生命，见证成长

——"四季教室之把秋天请到教室来"活动案例

深圳市光明区光明小学　曾旭红

叶澜教授在全国"新基础教育"共生体第十次会议报告中指出："学校全年综合活动以四季分大时段进行设计，每时段分别以'立春''立夏''立秋''立冬'为起点，以一季中最后一个节气结束为终点"；"每一个时段的起始时日，学校都要有送往迎来的综合活动，以强化生命流转、季节转换的标志意识。每一季还要有直接到自然中的活动，提升学生直接感受自然、欣赏自然，与自然对话、息息相通的感受力，并养成亲近、关注周边自然世界的爱好与习惯。"

那么，如何提升孩子们"感受自然、欣赏自然，与自然对话、息息相通的感受力"？如何让孩子们"养成亲近自然、关注周边自然世界的爱好与习惯"？本文试图以"四季教室之把秋天请到教室来"班级主题活动为例，来谈谈四季教室班级文化布置主题活动育人价值的初步开发。

一、设计依据

五年级（2）班是我在2018年新接手的班级，由53个活泼好动的孩子们组成，绝大多数为深圳户籍，班级学生整体生活水平较高，但学生的节约意识不够，班级铺张浪费的现象比较严重，尤其是在以前每一次的班级活动中，能用钱买的东西，家长们从不让孩子们自己做；能用钱解决的问题，家长们全部直接包揽。于是，结合中队名称——小太阳中队，我和孩子们一起探讨，重新确立了我们班的中队目标为：做一个低碳环保的阳光少年。

那么，如何在班级日常活动中落实我们的中队目标？

《"新基础教育"学生发展与教育指导纲要》中提到，五年级的学生已经具有理性思维能力，理解能力比较强了，学习经验交流应成为班级环境文化建设的主题，教师要组织学生交流学习经验和进行专题性讨论，并形成文章在专栏里呈现。作为一名语文教师，我在前几期的班级文化布置中渗透了语文学科专题性学习，为孩子们保留了一片学科学习交流的阵地；作为班主任，我需要思考班级发展的目标，思考孩子们综合能力的整体提升与发展，而综合素养的提升不能仅仅停留在学科学习上。那么，如何打破学科学习的壁垒，将学科学习与班级活动融合，并呈现在班级文化布置上，使班级文化的布置也体现出系列性、可持续性、发展性？

我开始重新思考：如何打造一间属于我们自己的特色教室，从而让孩子们在无形的环境文化教育中，实现中队目标？如何让班级教室的每一面墙都成为班级建设的载体？我与孩子们开展了一次讨论，最后共同商定：结合学校这学期推行的"四季活动"以及班级的中队目标，将班级文化布置的主题初定为打造一间具有深圳特色的"四季教室"，以低碳环保为班级布置的原则。

二、班级发展目标

一位教育家说过，我们要培养学生"面对一丝野菊花而怦然心动的情怀"，知晓生命的不可重复性，能够对平凡而伟大如野菊花的万物怦然心动，自然会尊重生命，敬畏自然，也会产生对人的尊重。通过打造"四季教室"的班级文化，提升学生感受自然、感受生命的能力，并在活动中，提升学生的实践创造能力和队员团结协作的能力，逐步形成低碳环保的意识。

具体到本次"把秋天请到教室来"，我们把中队发展目标分解为第一阶段目标：

（1）通过活动，让学生在动手实践的过程中走进秋天、触摸秋天、感受秋天。

（2）通过活动，初步构建低碳环保之"四季教室"的班级文化形态，赋予教室自然生命的活力。

（3）通过小队合作，提升队员团结协作的能力和实践创造的能力。

三、活动准备阶段

1. 查找资料，了解秋天

队员们通过各种形式（网上查阅资料、访谈老人等），了解作为南方城市的深圳的秋天的特点。

2. 走出教室，感受秋天

召开主题班会，小队队员交流自己对秋天的感受。孩子们基本上都觉得：深圳好像没有秋天，深圳的秋天跟夏天差不多。但也有个别孩子谈到，早晚气候变凉了一些，去散步的时候没有夏天那么容易出汗了。于是，我们开始策划，回到自然中，去寻找深圳秋天的痕迹，并把秋天请到我们的教室里来。

四、活动策划流程

1. 小队分工，认领阵地

组建小队，讨论队名，建立小队微信群。制定小队寻找秋天的活动计划，包括：用什么材料装饰教室，到哪里去寻找材料，队员的分工等。

2. 小队合作，收集素材

各小队到自然中，收集可用来装饰教室的自然素材。

3. 小队创造，制作装饰

各小队将收集到的自然素材进行二次创作，形成有关秋天的作品：叶脉书签、叶贴画、植物画报、古诗盘子、种植植物等，用来布置教室阵地。

4. 小队协作，设计教室

小队队员、部分家长以及老师一起布置教室。

"把秋天请进教室来"主题活动各小队策划内容，见下表。

"把秋天请进教室来"主题活动表

小队	小队长	认领教室阵地	布置教室的素材	素材来源	布置形式	需用到的工具
秋实小队	刘杰	教室后面板报	收集辣椒、花生壳、玉米骨、玉米粒	自种地、市场、光明农场	晒干，涂好色，用线串起来，挂、钉到板报上	针、线、水彩画笔、晾晒工具、玻璃胶、大头钉
秋叶小队	杨粤	教室左边墙壁	收集各类叶子	公园、学校、小区	叶脉书签、叶贴画	小苏打、锅、牙刷、双面胶、彩纸、纯色墙纸
秋种小队	赖婷婷	植物角	搜集适合深圳秋天种植的植物	花场采访花农，确定植物	自制环保小花盆，种植花草	花架、剪刀、彩纸
秋色小队	卢瑞阳	走廊宣传栏	有关秋天的古诗，蛋糕盘子、干花干草树干	网上查阅、旧物再用、径口百花谷	干花、干草、古诗盘子	彩笔、泡绵胶、玻璃胶

五、活动展示总结

在打造秋季教室的准备、策划和实施的过程中，各个小队的活动基本上都局限在本小队中，回到自然感受自然的范围具有一定的局限性，且各小队在活动过程中生发的各种优质资源无法实现共享。另外，每个小队在开展活动过程中遇到的困难、解决问题的思维方式都不尽相同。因此，把小队活动上升为班级活动，依托班级主题活动，重建班级生活，能拓宽学生的认知领域，提升班级的凝聚力。

1. 回顾活动，揭示主题

主持人1：秋风凉凉，秋意盎然，秋天在不知不觉中已来到我们身边。

主持人2：我们在这两个月里开展了一系列寻找秋天的活动，现在就让我们来看一下吧。

PPT播放前期活动照片，主持人解说。

设计意图：介绍活动的由来以及前期准备过程收集的照片，对活动有整体的回顾与了解。

2. 小队汇报，点拨指引

主持人：秋天是一个硕果累累的季节，可是秋收的果实除了吃，还能用来做什么呢？下面我们来看看秋实小队的奇思妙想吧。有请秋实小队。

（1）秋实小队汇报。

小队长：同学们，我们用玉米骨、玉米粒、花生壳，还有辣椒来装饰我们认领的阵地。

（小队长播放PPT，边介绍队员们的收集过程及布置教室的照片。）

生1：我们用玉米骨来布置教室。本来我们想用彩色笔来涂玉米骨，可是涂得满手都是，洗都洗不掉。后来队长建议我们用牙签穿着来涂，这样就避免弄到手上。

师：在这个秋天，你们还收获了解决问题的能力。

生2：我们是用玉米串来装饰教室的。大家觉得剥玉米很简单，可是我们剥玉米剥到手痛。但我们没有放弃，还是小心翼翼地穿出了许多漂亮的作品。

（PPT播放玉米串的造型。）

师：在这个秋天，你们还收获了坚持。

生3：我们用秋收的花生壳来装饰教室。花生是我们很喜欢吃的果实，不过吃完花生之后，通常花生壳会被丢掉。但花生壳涂上颜色就成了漂亮的装饰品，所以我们把花生壳请进了我们的教室。

师：你们开始有低碳环保的意识了，恭喜你们！

师小结：秋实小队的每一位队员，在推进活动的过程中，都遇到了很多的困难。但是他们都坚持下来了。同学们在寻找秋天的活动中，也锻炼了自己的动手能力以及解决问题的能力。感谢秋实小队的精彩汇报。

（2）秋叶小队汇报。

小队长：我们小队认领的阵地是教室侧面墙的布置。上学期六一儿童节，学校制作了叶脉书签发给我们作为儿童节礼物。我们小队的队员都很喜欢。而且老师也再三强调这次活动的材料要尽量环保低碳，所以我们就想用树叶来布置我们喜爱的教室，让我们的教室充满秋的味道。

副队长：我们根据大家的需要做了分工，请看我们的分工图（叶脉书签组，树叶边框组，树叶图形组）。下面有请我们的队员来为大家现场展示刷叶脉的过程，有兴趣的同学、老师都可以来体验一下。这些叶子我们已经煮过了。

三位队员快速搬三张桌子，队员分发牙刷、煮好的叶子，以及水等。队员现场教学如何刷叶脉。PPT上投放制作叶脉书签的方法。老师巡视。四五分钟后，已经有两组的叶脉刷出来了，有一组的叶脉刷不出来。

老师把两片刷出叶脉的叶子和刷不出叶脉的叶子投影到电脑上。

师：你们的叶脉书签是怎么做出来的？

秋叶小队的队员们纷纷抢答制作的方法。

师：这么多的好方法，你们是怎么想到的？

队员1：其实一开始的时候，我们在公园捡了树叶，就直接用牙刷刷。结果我们刷了快两个小时都刷不出来。可是我们也不知道怎么办，就只好先各自回家了。到了周一上学的时候，我们就跟老师反映我们小队的任务遇到了困难。

师：遇到难题先向老师求助，这也是一个好方法。其实老师也不知道怎么刷叶脉书签，但我想百度上应该会有答案。所以我就上网查了资料，再告诉了队员们。

队员2：我回家又试了下。但我煮了很久，叶子还是刷不出来。于是我也上网查资料，才知道原来还要加入小苏打。接着我就买了小苏打，放进水里和叶子一起煮，然后再刷，终于刷出叶脉了。

师：会借鉴老师的做法来解决难题，你真会学习！

队员3：百度上做叶脉书签的方法很多，我们也不知道哪种方法管用。于是我们就不停地试，不停地煮，是试了很多次才刷出叶脉来的。

PPT投影队员们第一次、第二次、第N次做叶脉书签的照片，以及微信群上家长们的讨论。

队员4：做叶脉书签，选叶子也很重要，百度上说桂花叶子好煮，可是我们觉得我们在路边捡的叶子更好煮一些。实践比从百度上搜索来的东西更可靠。

师：古人常说"一叶知秋"，我们往往只停留在"秋天到了，树叶黄了，一片一片落下来……"却没想到小小的一片叶子里，却藏着这么多的故事。常听到人们说"失败是成功之母"，可是失败是如何成为成功的母亲的？秋叶小队的队员用他们的实际行动诠释了这个问题，那就是在失败后不断地尝试，实践再失败，失败再思考，思考再实践，在不停地摸索中寻找到成功的途径。在这个秋天里，秋叶小队的队员们收获了坚持不懈、敢于尝试的精神，也感谢你们为我们上了精彩的一课！

（3）秋种小队汇报：

合：大家好，我们是秋种小队，我们的口号是：我种植我快乐。

小队长：我们认领的阵地是教室前排墙及植物角，所以我们小队就干脆一起来种东西。大家请看，这些都是我们队员种出来的植物。

队员们展示种植的植物并一一介绍。

小队长：我们只知道春天是一个播种的季节，可是深圳的秋天平均气温较高，温度适宜，也有一些花适宜在秋季播种。于是，我们通过询问花农、上网查阅资料，确定选择这些植物来种植。

副队长：并且我们大家是用家里废弃的一些瓶瓶罐罐，做成低碳环保的漂亮花盆。

队员们展示各种环保花盆。

队员1：除了平时要爱护植物，我们还要多学习了解植物的生长习性，不能好心办坏事，这不，前几天就发生了这样的事情。

情景剧展示：不同植物所需水分是不一样的，所以照看时也需要区别对待。

小队长总结：看来我们还要对关于秋天种植的知识多加学习。大家对我们种植的过程有什么疑问吗？

师：我看我们班角落里的花朵已经有些干枯了，你们有小岗位专门负责植物的养护吗？

队员2：我们三个人负责给花浇水。但是我们每天浇水，植物还是枯死了。看来我们还是要更细心地照顾这些植物。

师补充：一棵植物的生长，不仅需要水分。刚刚小曦在教室外面哭，大家知道他哭什么吗？

小曦：我种的富贵竹有些叶子发黄了，我跟她们三个人说了水分已经够了，不要再浇水，可是她们还浇。都怪她们把我的富贵竹浇死了。

师：大家知道为了保障我们的健康，学校会定期给教室消毒。这些高温消毒灯，伤害极大。别说植物受不了，连我们人体也受不了。而富贵竹本来就是可以水养的植物，小曦你的富贵竹应该不是因为水太多发黄，极有可能是被消毒灯照射死的。老师建议秋种小队增设一些岗位，定期将花搬出教室，以避免再被灯照射到。

（4）秋色小队汇报：

合：大家好，我们是秋色小队。

小队长：大家好，我们是秋色小队。我们融合了各种不同的元素，并且把能在外面收集到的材料都请进了我们的教室。其中最有代表性的就是我们的古诗盘子。做古诗盘子需要我们到野外收集一些材料，这就是我们收集的过程。大家请看。

情景剧展示：孩子们捡树叶、不伤害树上一片叶子的讨论过程。

师：每一株植物，都要历经春夏秋冬这么漫长的岁月，生命要几经轮回才能茁壮生长。对每一个小生命，我们都应该怀着敬畏之心。秋叶小队队员这种爱护小生命的行为，值得我们每一位队员学习。

副队长：我们还去了百花谷收集材料。在百花谷，队员们一起捡枯草捡枯花，吹着凉凉的秋风，我们第一次发现原来秋天收获的快乐更来源于一起劳动的过程。

队员1：看，我们还用绿色的叶子来装饰盘子，因为深圳的秋天满眼都是绿色。

小队长：我们小队还有队员利用他的奇思妙想，在家里做出了一些美丽的图画。下面有请队员介绍。

队员2：秋天是稻谷丰收的时节，我用家里吃剩的哈密瓜籽做了一片稻谷，用蒜苗做成了一片草地和稻苗，用柚子皮剪了个圆做成了太阳。

师：那是蒜苗，他一开始一直说那是韭菜苗，搞得我看了好久还反应不过来。现在知道了吧，那是蒜苗。好漂亮啊，这真的是一派秋天丰收的景象。

师：虽然台风"山竹"来了，但队员们甚至冒着台风到队员家里，一起制作秋天的作品。队员们克服困难、团结协作的能力得到了很大的提高。

小队长：我们也不希望我们搜集的古诗只局限在盘子里，所以我们打算在所有术科的课前三分钟准备时间里诵读我们收集到的古诗。下面就请我们为大家展示一下，请大家跟我们读《月夜忆舍弟》。

全班齐诵古诗《月夜忆舍弟》。

师：秋色小队收集的这些古诗，对于提升大家的积累是非常有帮助的。这样一个秋天下来，同学们就能积累很多关于秋天的诗句；这样四季下来，同学们对于四季的古诗积累也会越来越丰厚了。大家还能借着这些古诗，去感受古人在季节流转中情绪的起伏。

设计意图：通过现场活动的展示交流，明确各小队的活动过程和成果，使其他学生对活动流具体过程有详细的了解。在汇报与互动的过程中，各小组及时发现问题、解决问题，教师及时进行总结评价，为后期开展活动做铺垫。

3. 总结提升，思考后续

师：在这次布置秋天教室的活动中，同学们不仅把秋天的果实、秋天的植物、秋天的叶子、秋天的景色请进了我们的教室，还收获了秋天的团结协作、秋天的探索、秋天的坚持不懈以及秋天诗句中寄托的思念等，对于同学们来说，这个秋天何尝不是一个丰收的季节。也请大家继续思考：如何将小队成果融入我们班级日常生活。

设计意图：将班级活动融入班级日常生活，体现活动的前移后续，让学生在班级日常生活中得到发展。

六、活动反思

叶澜老师说：教天地人事，育生命自觉。古人说：天人合一，道法自然。我想也许正是因为现代社会如此快速而忙碌的节奏，带来了人与自然的相互隔离，所以我们才要开展四季活动，让孩子们回到自然中，回到生命最初的状态，去感受生命的起落。通过打造"四季教室"的班级文化，我们在寻找秋天的系列主题活动中，调动了学生的积极性与创造性，不仅锻炼了孩子们团结协作的能力，还锻炼了他们解决问题的能力。与此同时，孩子们在动手创作秋天作品的过程中，展示了他们的奇思妙想以及令人叹为观止的创造能力和探索能力。而更重要的是，孩子们重新走进自然，去触摸自然生命的起落，学会以一颗敬畏之心去面对自然，尊重自然界中的每一个小生命，并且逐步形成低碳环保的意识。

（本文曾于 2018 年 12 月发表在光明区《新基础教育简报》上）

关注学生发展，实施岗位升级

中山大学深圳附属学校　罗丹梅

在一个班级里面，我们时常能够看到各种各样的班规、班级小岗位和班干部。班主任设置这些班规、小岗位和班干部都是为了更好地管理班级的各项工作。但我们是否思考过，设置这些班规的意义在哪里？班级岗位的育人价值在哪里？学生如何才能够通过班级岗位得到发展？在孩子们的日常生活中，尤其是在班级岗位的工作中，如何帮助孩子得到切实的成长呢？

本文将以本班"我的班级，我做主——岗位升级"的活动为案例来阐述针对班级岗位的育人价值开发的一些实践活动及其引发的思考，主要分为以下几个部分。

一、背景分析

五年级（3）班是我从二年级开始接手的班级，也是我任教以来带的第一个班级，一路走来，我们都是在共同成长。孩子们慢慢地从合格的小学生，成长为一个个自信的小少年。二年级的时候，第一次做班主任我真的是手忙脚乱，在向有经验的班主任讨教后，我也在班级里设置了一系列的小岗位和班干部，大大小小的岗位加起来使每个学生至少都有一个岗位，并制作了详细的岗位表。有了这个岗位表，大到班长，小到风扇管理员，班干部的工作都能够一项一项地开展完成，期间还设有岗位轮换等制度，而这份岗位表一用就是三年，这三年里，学生们自主策划了许多有意义的活动，如举办六一派对，一起过中秋，庆祝母亲节，等等。在这些活动中，我经常能够感受到学生的进步。学生的合作沟通能力、动手能力以及实践创新能力等，都在每次的活动中得到了提高。学生对于这些有趣的活动也非常感兴趣。

然而每次活动结束后，当回归到日常的班级生活中时，我却常常感觉到班级管理工作越来越吃力，在进入五年级后，班级中的问题也越来越多。对于五年级的学生来说，以日常生活管理为主要内容的小岗位结构并不能够很好地满足学生的成长需要，应转化为精神文化生活为主的岗位结构。例如，班级社团的建立，与学科学习相结合；走出班级，与校级活动相连接；等等，而这一切都需要有一个良好的班级管理结构为基础。

从低年级到高年级，本班一直都是以分散的小岗位进行日常的班级管理工作，因此存在许多班级管理问题，而进入五年级，学生认知发展的特点是逻辑思维能力有了明显的提高，学生不再像中低年级一样期待物质的奖励，评价的载体并不重要，他们希望得到积极具体的评价、情感的支持、发自内心的认同与表扬。同时他们的自我概念趋于稳定，形成对自己发展的责任感，自我意识增强。因此，多数班干部以及岗位负责人渐渐对于自己所承担的职责以及教师布置的一些工作表现出了厌烦以及懈怠的情况，并且习惯性地向老师打小报告，缺乏独立解决问题的能力，同学们对岗位的工作热情以及工作质量都有下降的趋势，还有一部分表现出色、能干的同学已经走出了班级，走上了校级大队委的岗位，但由于同时在班级中也承担了重要的岗位，压力非常的大。因此，为了提高同学们的自主管理能力，增强同学们的服务意识和责任感，鼓励同学们积极参与到班级建设当中，班级岗位升级势在必行。

二、调查设岗

在进行岗位升级前，我们需要对之前设置的岗位进行调查分析，班委干部们很快便设计出了调查问卷，经过前期对原有岗位的调查与分析，我们发现了以下几个问题：①部分岗位虚设，无人值岗；②部分工作没有设岗；③岗位分散，管理难度较大；④监督评价不到位，同学们工作热情较低；⑤个别班干部工作压力较大，部分同学对班级缺乏责任感。接着，我们召开了以"我的班级，我做主——岗位升级"为主题的前期动员会，不出所料，许多同学表达了自己的意见，有的认为自己的工作太无聊了，有的抱怨自己的工作太多了，甚至有的同学已经连自己的岗位是什么都不知道了。同学们在一起讨论之后，将原来的岗位表进行梳理更新，最终，我们撤掉了一些已经不需要的岗位，又将一些比较分散的工作岗位进行了整合，另外增设了一些之前忽略掉的岗位，然后，我们将所有的岗位按照部门进行分类，最后形成了五个部门：学习部、纪律部、卫生部、文娱部、体育部。

随后，班委干部在班级里公示了新的岗位表，邀请大家一起竞聘，上交申请书，表明自己的意向岗位、原因以及特长优点等，由上一届班委干部以及校大队委的学生干部进行评审。当然也有硬性条件，每个同学必须要竞聘至少一个岗位，要做到人人参与。从同学们交上来的申请书来看，85%的同学都很积极主动地参与，另有15%的同学并没有表现出很强烈的愿望，部分同学的申请书做得非常精致、用心。

岗位竞聘结束之后，确定了各个部门的人员，接着由部门内的成员自主投票选出了部长与副部长，为了培养出更多的班干部，同时避免一些有能力的班干部承担过多的职责，原则上，班委会成员以及校大队委干部只能承担副部长以下的岗位。

随后，各部门开展了工作会议，对部门内的小岗位设置进行了最后一次的讨论与改善，并将每一个岗位的职责都具体到个人。在第三次班会课上，我们进行了部门展示，每个部门的部长、副部长以及成员初次亮相，详细介绍了各自部门的岗位设置、职责以及人员安排，同学们还举行了特别的上任仪式，精心准备了部门宣传海报以及口号。在同学们的自发行为中，我感受到了学生的自豪感、责任感、自信以及为班级管理献一份力，做班级小主人的强烈意识。

三、全员参与

当然，对于这样的一次班级岗位升级，我们不能够只看前期热闹的准备工作以及好听的口号，更重要的是实践后的变化。对于这样的一次班级岗位升级，我希望的不仅是班级的岗位系统得到完善，还希望同学们能够品尝到岗位工作的乐趣，体验到通过自己的行动为同学、为集体服务的快乐，提高自身的服务意识以及责任感。

"升级"后的岗位表正式开始实施了，每个部门都开始实施各自的岗位表，之前存在的部分岗位虚设，无人值岗，部分工作没有设岗，岗位分散，管理难度较大等问题，都得到了很大的改善。例如纪律部的设备管理员，将之前教室里的风扇、灯以及电脑管理等设备岗位整合到一起后，由四个男生一起轮岗负责，改善了从前岗位分散，不能够监督到位的问题；还有午休管理员，由从前老师指定的两个得力班干管班，调整为在校午休同学轮流管班，午休纪律得到了大大的改善，同学们午休时间都能够在教室里安静学习或者休息，因为每个同学既有发表意见的权利，也有以身作则的义务；还有卫生部的同学，为了让平时自信心较低、不愿意参加班级事务的同学有展现自我的机会，特意安排了值日小班长的岗位，许多同学的服务意识以及小主人意识都被大大地调动了起来；又例如文娱部，将班级板报的工作进行细分布置之后，班级板报终于能够有效、高质量地完成；等等。所有这些，都能够证明班级的管理工作正在一步步地改善。

然而，存在的问题也在实践中慢慢地显现，部分岗位仍存在缺岗的现象，部长监督不到位，部分新上任的班干部不知道如何管理部门成员，如卫生部的值日小班长，大部分都是平时在班级活动中比较内向、缺乏自信的同学，有的不知道如何给组员分配任务，因此一人包干，有的则不知道如何管理违纪的同学；另外比较严重的还是存在许多跟老师打小报告的现象，部长以及班干部发现问题还是习惯性地找老师解决，缺乏独立解决问题的能力。

针对以上存在的问题，我召集了班委干部们以及各部门的部长与副部长，一起来商量对策，但同学们对于许多岗位存在的问题提出来的建议，也是治标不治本，我不禁陷入了思考。班级岗位升级——"升级"是一个表面上很容易理解的一个概念，但是针对每天都在不断变化成长的有不同性格特点的学生们，这个概念却成了我思考良久的问题：到底升级什么？怎么升级？怎样才算是真正的升级？

在对各个部门的岗位表进行重新分析的时候，我发现在岗位的3个类型服务类、监督类、引导类当中，每个部门的监督类岗位居然是最多的，这是我从来都没有考虑过的事情，在引导学生设置岗位时，我一心想着的就是如何把班级事务管理好，但却从来没有考虑过，在这当中，除了岗位的升级，学生应该得到怎样的升级。什么类型的工作便培养什么类型的学生，只负责监督登记违反纪律岗位的学生，便会发展成为只会登记打报告的学生，岗位职责是负责处理解决问题的学生，那么其独立解决问题的能力也就能得到大大的锻炼。因此我明白了：岗位不是拿来管理的，而是拿来教育的，要想做到岗位升级，首先应升级岗位的职责，培养学生明白如何去动手做的智慧，培养学生去独立解决问题的智慧，而不是使学生什么事情都找老师打报告、记名字。

四、总结推进

那么如何才能够真正地落实到"升级"呢？最重要的还是教师育人价值观的升级。班级岗位的育人价值在哪里？学生如何才能够通过班级岗位得到发展？如何放大班级岗位在学生日常生活中的育人价值？针对存在的一系列问题，我们可以从以下三个方面进行改进。

1. 岗位职责的升级

在许多岗位职责的设置中，我们常常要求班干部将违纪情况记录下来并告诉老师，再进行惩罚。这样的职责要求并不利于学生独立思考能力的培养。我们可在岗位职责中减少"监督""登记""惩罚"等负面字眼，而多一点"帮助""解决""奖励"等正面字眼，慢慢培养学生解决问题、创新实践的能力。另外，不同年段的岗位设置以及岗位职责也应该随着年段的变化以及学生的身心发展特点而进行升级。

2. 班干部领导力的开发

李镇西老师在《做最好的老师》一书中提到过，学生干部的培养关键是思想观念的培养，应加强学生干部的服务意识、主人意识、创造意识以及效率意识。我非常赞同李老师的观点，我认为班主任也应通过各种方式来引导培养班干部的领导意识。对于许多新上任的班干部，我们应提供及时的指导与培训，可让一些优秀出色的班干部去带动、指导与协助，这对于班干部，特别是新班干部的领导力的开发是非常重要的。

3. 岗位评价机制的完善

在完善岗位设置以及岗位职责的基础上，我们还应该完善相对应的岗位评价机制，可定期在进行部门内、班级内"最佳班干部"等的评选，期末进行表彰，让班干部能够在工作中收获成就感、自豪感，从而提高班干部的工作能力和工作热情，另一方面也可提高其他同学对班级事务的参与度，并鼓励其他同学向优秀的班干部看齐。

我认为，班级管理的最终目的是实现班级的无为而治，这也是班级岗位的育人价值所在。岗位升级只是手段，我们可通过人员更替、轮岗，多部门兼职、组建班级非正式小组织、升级岗位职责、升级评价机制以及加强岗位培训等途径，来实现从管理学生到学生自我管理的转变。

教育的目的是什么？在我看来，教育的目的就是让学生学会生活，长大之后能够成为一名合格的社会人，拥有规则意识，拥有独立思考、解决问题的能力。因此，回归到班级的日常生活始终是最重要的，无论是怎样的岗位升级，班主任要关注的始终应该是学生的发展。

（本文曾于2019年7月发表在《新班主任》杂志上）

班级创意文化
——"班级图书馆"班队活动设计

深圳实验光明学校　林小燕

一、活动目的

"班级创意文化"这个系列活动的目的主要是培养孩子们学会合作、学会看到别人的优点、学会策划等综合能力，并让孩子们在活动中找到自信、发现自我。在微笑中队中，微笑之花一直为每个孩子盛开。孩子们在活动中成长、在活动中微笑是我们策划每个活动的出发点和最终目标。

二、活动目标

在"班级创意文化之文化墙"活动的基础上，搭建"走进图书馆"平台，聚焦小队合作的成长节点，给学生创造分享交流、自我展示的机会。

三、设计依据

1. 适用年级段
二、三、四年级。

2. 学生类型
我们班共有53名学生，其中男生28人，女生25人。这些孩子中32人是外来务工子女，10人是华侨归侨归眷。孩子之间的差异比较大，大部分的孩子有较强的独立性、自主性，爱学习，乐阅读，喜欢思考；但有一些部分孩子依赖性较强，调皮好动，学习兴趣不高。

3. 班级特点

学生现状分析：

《新基础教育学生发展与教育指导纲要》指出：二年级环境文化建设与一年级的不同，主要表现在组织形式上。环境文化建设是为了培养学生合作意识和合作能力。在二年级，为了促进学生合作意识和能力的发展，教师要经常组织小队活动，不仅在课堂上、在课间组织集体活动，在假期也要组织假日小队活动。在活动中，我们二年级（6）班微笑中队的成员们，互助意识非常强，并能为其他小队活动提供帮助，出谋献策，每个成员都是小队的主力军。

（1）在班级组织中成长。

经过一年级活动的锻炼，二年级的孩子岗位责任意识更强。为了能让更多孩子得到锻炼，我每天利用十分钟的时间让孩子们总结岗位情况，适时实现岗位评价，每周保证利用班会课做一周的总结，对全部岗位工作进行汇报和评价。班内的常规活动由孩子们初步策划和组织。经过半学期的锻炼，我惊讶地发现孩子们变了，他们从最开始的不知所措到现在的有模有样，工作做得有条不紊，班级管理也井然有序。我也初步尝到了重心下移的甜头，更加肯定了重心下移的育人观念，将继续坚持实现在活动中、在班级组织中成人成事。

（2）在主题活动中成长。

二年级的孩子开始有一些自己的想法、自己的见解，对活动也能提出自己的看法。"我是文明小天使"活动中，孩子们迈出了一大步，排除了胆怯的心理，显得更加自信。"班级创意文化之文化墙"活动提高了孩子们的策划能力、团队合作能力。从孩子们的分组当中就可以看出孩子们对自我的了解、对同伴的了解；在小队内部的合作中孩子们体会到合作的快乐，小队之间的合作更加彰显出团队的力量，班级荣誉感在孩子们的心中已经埋下种子。这一些都是活动带来的动态生成硕果。

（3）在社会生活中成长。

没有哪个活动是完全独立的，因为活动的资源来源于生活，来源于社会，而社会资源又存在于家庭、社区、社会之中。学生能在学习活动与现实世界的互动中锻炼、发展自己的能力。通过参观图书馆、采访工作人员，了解图书馆的运作方式，进而成立班级图书馆。这些中队集体活动给学生带来了新的成长机会，从而提高学生的组织能力以及创造能力，提升学生的整体素养。

四、活动准备

（1）每个小队制定活动计划，安排小队成员的工作。

（2）各小队通过上网查资料、看视频、向老师或家长请教等形式，完成各自的任务。

五、活动流程

（1）走进图书馆：了解图书馆的运作，图书的分类、编排，图书的借阅。

（2）整体架构：图书馆工程的招标、活动的筹备、项目的承包、分工合作。

（3）实践推进：各小队根据承包的项目执行任务、反馈情况。

（4）综合融通：我们相约一起到图书馆（亲子活动），图书馆工程招标会（班会课），阅读存折设计与制作（美术课），会演编排我能行（音乐课），编号排序我能行（数学课），阅读银行我创造（活动课），图书工程阶段反馈（班会课）（见下表）。

班会过程

活动环节	教师活动	学生活动	设计意图
一、回顾篇	课前谈话： 1. 唱歌曲：孩子们，又到了微笑之花欢喜快乐的时刻，老师特别欣赏同学们富有创意的天赋，让我们一起来赞美我们的天赋。《欢喜快乐》	1. 唱歌曲《欢喜快乐》	根据歌词之意结合活动导入，容易拉近与孩子们的距离。
活动引入	2. 回顾前期活动。谈谈活动感受 师：同学们，我们班级的图书馆工程进展一段时间了，让我们一起回忆属于我们的故事。 引入主题："班级创意文化之班级图书馆" 3. 从活动中找到了一个怎样的自己？	2. 观看活动视频，跟视频回顾 3. 学生简单交流	勾起学生对前期活动的记忆，铺垫学生的活动情感

活动环节	教师活动	学生活动	设计意图
二、汇报展示篇	师：同学们，在活动过程中，你遇到了哪些快乐或有意义的事情？请与大家分享一下吧！ 师：看来同学们在活动中收获挺多，体会到了合作的快乐，找到了自信，懂得在困难面前寻找解决方法。现在我们来做一个阶段性的汇报。	生1：大家好，班级图书馆活动的开展，让我觉得最有意义的是与英勇小队的工作，特别是我们在制定借阅制度时，刘雍给了我们很多建议，真心感谢刘雍带领的英勇小队。 生2：活动的开展，让我重新认识了自己，之前我总觉得自己不如别人，在寻找图书来源的时候，我发现，原来我也能做到。 ……	通过回忆活动中快乐或有意义的事情，促进孩子们之间的感情交流，感受活动过程带来的快乐，分享活动开展的收获与成长体验。
活动展开	1. 策划员谈设想、汇报 师：有请策划员谈谈工作设想。	1. 策划员汇报 同学们，在前段时间的工作开展中，微笑图书馆工程确定后，我们一起开发了图书来源、图书编码、图书借阅制度、图书奖励机制、阅读存折的设计五个项目，进行工程招标会，然后以小队承包项目的形式开展，大家的工作进展了一段时间了，待会我们来做一个阶段性的汇报。	小队汇报，更好地凝聚小队的力量，培养合作意识、体验合作的快乐。

活动环节	教师活动	学生活动	设计意图
活动展开	2. 小队汇报 师：有请星星小队闪亮登场。 师：能谈谈你们小队在图书编码的过程中遇到什么问题吗？ 师：星星小队，谈谈你们在操作中遇到的问题吧？ 师：能具体跟大家分享一下，学习到了什么吗？ 师：每一次的活动，我们星星小队的队员们都认真积极对待，学习到了很多知识，在活动中成长，老师相信队员们会越来越出色的，会散发出更闪亮的星星之光。	2. 小队汇报 （1）星星小队 大家好！我们是星星小队，我们的口号是"星星之光点亮每一天"，我们小队承包的是图书编排工程。下面我们是以戏剧的形式来总结工作。（戏剧表演） 星星小队发言人：我们小队在给图书编码的过程中遇到了不少问题，比如给图书分类时拿捏不准，还有就是有的书书名相同、出版社不同，再有就是书的大小不一样，编码之后发现不能叠整齐，后来我们又重新把书叠整齐，登记书名再编码，反复编了五次。真不容易啊！不过我们学到了很多。 小队成员1：在登记书名中认识了很多字，还知道书有不同的版本和出版社。 小队成员2：我们知道了给图书编码要考虑易找还要考虑美观。	现在的孩子有自己的想法，喜欢通过自己的智慧与特长展现自己的才能，所以在小队汇报的环节，站在学生立场，放手让孩子自己设计编排，有利于培养孩子的自主意识和团队意识，更有利于孩子的成长。

活动环节	教师活动	学生活动	设计意图
活动展开	师：有请向日葵小队闪亮登场。	（2）向日葵小队 大家好！我们是向日葵小队，我们的口号是"向日葵、向日葵，每天朝着阳光生长"。我们小队承包的是阅读激励方案工程。请听我们的诗歌朗诵。	
	师：请问小队长，能否谈谈你们小队的做法？	小队长：大家好！我们的小队的做法是：①先探讨怎样才能让班上的同学爱读书。②上网查找参阅阅读激励方案。③向家长们请教如何合理设置阅读金币奖励。④制订适合我们班的阅读激励方案。	
	师：能谈谈你们小队的故事或分享一下特别的事情吗？	小队员：大家好！其实我们在修改方案时，对"好词好句"的摘抄斟酌了很久，曾一度无法确认何为好词好句。对于如何界定。希望其他小队的成员能给我们提意见或建议。 生：其实好词好句，写得合理，精彩、能说出理由就可以。	

活动环节	教师活动	学生活动	设计意图
	师：非常感谢向日葵小队的分享，你们的总结非常简洁有意思，而且很到位。也谢谢陈冠桦提的建议。下面有请光闪亮眼的彩虹小队。	（3）彩虹小队 大家好！我们是彩虹小队，我们的口号是"七色彩虹，散发光彩"。我们小队负责的是保证图书来源。下面请看我们根据活动过程中发生的事情编排的情景剧。（彩虹小队表演情景剧）	
活动深化	师：看了彩虹小队的情景剧，林老师很感动，林老师想问问，这个情景剧是谁编排的？	汇报员：大家好，这个情景剧是我们队长和舞蹈编排员编排的，剧本是我们一起想的，主要是把我们小队经历过的事情做个总结。	
	师：通过情景剧，可以看出彩虹小队的队员们付出了很大的努力，是否可以谈谈你们小队的做法？	小队长：我们的做法是先查二年级适合读什么课外书，接着是号召同学们捐赠，或向别的班借阅。	
	师：非常感谢彩虹小队对我们微笑图书馆的付出并保证我们班的图书来源，让我们能在书海中翱翔。下面有请可爱的太阳花小队。	（4）太阳花小队 大家好！我们是太阳花小队，我们的口号是"开心、快乐、如阳光般灿烂"。我们小队承包的是借阅制度工程。下面请欣赏我们表演的《图书与主人》故事剧。	每一次的活动都会有一些需要改善的地方，把机会让给孩子，把时间留给孩子，激发孩子们的思维能力，培养孩子们的思维品质。

活动环节	教师活动	学生活动	设计意图
活动深化	师：林老师知道太阳花小队要完成任务是很艰难的，但你们还是坚持下去了，赵哲熙也用心去做了，还给林老师写了一封信。赵哲熙，你愿意读读你的信吗？ 师：因为有枝才有叶，感谢孩子们一直喜爱着林老师，林老师希望看到宝贝们健康苗壮地成长。 师：英勇小队的成员果然英勇，拍着胸口跟我说："林老师，阅读存折我们能做好。"其实，我一直担心他们设计得不好或设计不出来，就自作多情地帮忙设计了一份，结果英勇小队的队员说："老师，你设计的是好看，但没有创意，我们要做属于我们自己的。"老师分享这个小故事，希望大家学习英勇小队这种勇于挑战的精神。感谢英勇小队的队员们，英勇王牌属于你们。谢谢！	赵哲熙：老师，是您培养了我们，我们就像一粒种子，老师用心培育我们，但我们只能用一片片绿叶回报，感谢您老师。 （5）英勇小队 大家好！我们是英勇小队，我们的口号是"诚实守信、敢作敢当、英勇无比"。我们小队承包的是阅读存折工程。下面请看我们的话剧表演。 队员：大家好，我们英勇小队在活动开展的过程中有一次美丽的偶遇。在深圳图书馆执行任务时，刘雍接受了深圳电视台记者的采访，记者还对我们的活动提出了高度的评价，希望我们继续加油。 生：老师，我觉得借阅制度是否可以放宽一点，因为每人的阅读速度和爱好不一样，可以放宽到每人十本。谢谢！	通过活动的开展，学生自发想到采访李教授，这是活动给孩子带来的自信、勇气与智慧。

活动环节	教师活动	学生活动	设计意图
		太阳花小队回应：非常感谢你提出的建议，当时我们也考虑过这个问题，经过讨论之后，我们觉得还是每人可借五本比较合理，这样才能让更多同学借到书。同学们看完一本就记得马上还，因为借也有期限的。 生：林老师，听说我们的教室里坐着一位大学教授，我可以采访他吗？	
三、初试效果，再提建议	同学们，对于各小队的成果，你们还有什么意见或建议吗？	生采访华东师大李教授：李老师，您好！您对我们班开展的这个活动有何看法？ 李教授：孩子，你觉得开展活动开心吗？喜欢与林老师一起开展活动吗？原因是什么？ 生：开心，喜欢，因为我们林老师很可爱，又可以学到很多东西，还可以和同学们一起玩	
四、总结提升，拓展延伸	通过这次活动你收获了什么？对于我们的活动你有什么疑问吗？ 后续：图书馆运行的细节	学生交流探讨思考	通过评价总结，加深了对活动的认识，拓展延伸了活动后续

六、活动效果

本次活动达到了预期效果，收到了较好的成效。学生们百分之百地参与。在整个活动中，孩子们有自己的独特见解；在准备、过程、延续等环节中，学生积极地参与，乐于承担任务，通过小队合作，充分体现出小队的团结，凝聚力强。整节班会课，安排有序、严谨、流畅，赏心悦目，达到了情感的共鸣。在班会中，学生的脸上一直洋溢着笑容，班会气氛热烈，学生们的表达力、表演力和表现力都深深地感染着我，这个活动中凝聚着微笑中队的阳光、快乐、团结、合作的积极向上精神。

七、活动评析

华东师大李家成教授点评：

班主任工作的思维方式、立场、价值的理解将影响一个班主任的工作状态，听林老师的课让人感觉很舒服，在林老师的课堂上总是能看到一种放松、开放的状态。因为林老师会思考：我想带出一个怎样的班级？培养出一群怎样的孩子？

关于"班级创意文化"这个系列活动，整个设计能够考虑到活动的整体，站在学生的立场，清晰地认识，并意识到学生成长需要与教育内在的联系，以此来开展活动。在具体活动中，抓住动态生成资源，调整活动的进展状态，发展资源，从而不断推动活动的深化与拓展。从班级创意文化系列活动来看，班主任的活动整体策划能力很强，综合融通了各学科知识，做完一件事也就做完了所有的事，这是工作思想理念的转变，也是思维品质的提高。班主任的脑子里架构着整个活动，随时提取知识，这就是我们老师所需要具备的能力。

今天这节课，形式多样、新颖。小队员们用舞蹈、诗歌、情景剧等多种形式重现各个场景，在快乐的气氛中领悟到团结合作的重要性，充分展示了小队的凝聚力，可见微笑中队小队建设已经做到日常化。走进班级，我们在班级文化建设中看到了班级的岗位工作、图书馆建设等多种主题活动，各种评价机制的制定，都结合小队建设来执行。这样一方面为小队组织提供了活动的内容，另一方面也利用小队提升了各项班级活动的品质。

学生"带货"带来的思考

深圳市光明区公明中学　石敏婷

一、案例陈述

当前劳动教育势在必行，让学生体验社会上各行各业的劳动生活，增强劳动意识，成为班主任育人的重要内容。但在实际的教育过程中，我发现有的学生不仅仅是体验职业劳动生活，而是摇身一变，悄悄地转变为某个社会角色，赚起了同学的钱。

在小麻同学的日记里，我发现班里有同学做起了中间商，赚同学的跑腿费。

作为育人者，面对这样的现象该如何处理呢？

最近我们班出了一位"导购员"阿庄，他每天用本子记录下第二天要带的"货"（一般都是一些玩具或吃的），第二天与同学一手交钱一手交货。货只收原价，阿庄只是要一点跑腿费。

今天阿庄又开始做生意了。

小李走过来对阿庄说："你明天给我带一盒150块的军舰乐高，放学时给我。"

阿庄边记边说："可以，但你这东西太大而且比较难买，20元跑腿费。"

小李大吼一声："这么贵，你抢钱啊！"

阿庄解释道："你那东西那么大不好运，而且小古和小陈他们都花了100多的跑腿费呢！别那么抠。"

小李听到这，也就没说什么，回到座位上去了。

我看到这十分好奇，心想：为什么这么贵的跑腿费？他们能接受吗？带着这样的疑问，我去问了阿庄。经过一番询问后，我得知了他所代购的物品大部分是家长不让买的玩具，少部分是同学想向游戏中充值，但家长不同意，就悄悄通过阿庄来充值。阿庄属于中间商，基本上每天都有生意，而且他还收了几个"小弟"。

二、提出疑问

读完这篇日记，我心里存有许多疑惑：真有此事吗？会不会是添油加醋的故事？

阿庄赚跑腿费的主意是谁想出来的？是不是受做生意的家长所影响？阿庄的家长知道这件事吗？小李学习那么好，脑子那么精，能心甘情愿地让阿庄赚跑腿费？小古和小陈同学会真的给100元的跑腿费吗？阿庄的生意能有这么好？还能收"小弟"？

没有调查就没有发言权。我带着满腹狐疑悄悄找到当事人阿庄，这孩子胆小得很，一番透彻的谈话，就告诉了我全部真相。阿庄赚跑腿费是真的，虽然生意没那么红火，但精明的小李的确给了他20元跑腿费买了乐高玩具；小古给了阿庄100元，但至今没见到货，钱阿庄也没还给小古。

最让我难以理解的是，阿庄的家长是知道这事的，而且货就是阿庄的家长帮忙网购，再由阿庄带给同学的。看来，这件事不是我想象的那么简单。这不仅仅是孩子赚跑腿费的问题，家长也参与其中了。

从法律的角度来看，在校期间，阿庄赚同学的跑腿费，我是必须要干预的。六年级道法课上，我们了解到，"10周岁以上的未成年人是限制民事行为能力人，可以进行与他的年龄、智力相适应的民事活动；其他民事活动由他的法定代理人代理，或者征得他的法定代理人的同意。"六年级的阿庄所赚的跑腿费虽然不多，但如果不加以干预，以后赚得多了，就与他的年龄不相符合，应该不属于合法的劳动收入了。

从劳动教育的角度，阿庄体验社会角色，学习做中间商赚钱，也无可厚非。我们不是也经常组织跳蚤书市，让孩子自主出售自己的书籍来体验售买的乐趣吗？我可以找阿庄聊聊，肯定他的经营头脑，再说服他适可而止，也没什么大不了。

但一旦家长共同参与这件事，就不只是教育学生的问题了。我的思想开始斗争起来：要不要告诉班主任？班主任是年轻的小琪，性子急，我怕处理不好会连带惹恼家长。如果不告诉班主任，也不行，这毕竟是现实存在的班级问题，如果不及时干预，不知道会不会生出其他事端。最终我和班主任进行了沟通，提醒她妥善处理此事，尽量不惹恼家长。

我们首先找阿庄私下沟通，让他不要再赚同学的跑腿费，有生意头脑是好事，但现在的主要任务是学习，可以长大后再去学做生意。又叮嘱他还了小古的100元钱，毕竟他没有给小古任何货物，不能把钱扣在自己手里。

起初，阿庄嗫嚅着，说他父母不让一次拿那么多钱，得慢慢还。经过反复几次干涉，最终阿庄的钱都还给了小古。

到底该如何妥善处理此事，既不惹恼家长，又能达到教育的目的呢？恳请各位支招！

（姚彩霞，江苏南京竹山小学）

三、案例分析

针对上述案例，我采访了不同的人，分析观点如下：

1. 正方观点

部分家长和老师认为：学生们的行为响应了国家号召，在体验各行各业劳动生活的同时，增强了劳动意识，锻炼了劳动能力，学以致用，锻炼了分析问题、解决问题的能力，也为未来的就业积累了一点经验。孩子们聪明的商业头脑，值得鼓励。做生意是双方情愿的事情，何况对方没有异议，更没有投诉。双方都受益的事情，为什么要被制止？

大部分学生认为：这种行为，属于学生民间的个人行为，没有触犯法律，为什么要一刀切地禁止？我们之间自由买卖，你情我愿，一手交钱，一手交货，是最公平的交易了。更有甚者说，既然有这种市场需求，仅凭老师或家长的一句话，能禁得住吗？学生台下交易的，老师能管得住吗？有本事家长不要给学生任何零花钱。在我们这个小社会里面，我们有自己的生存法则。你们彻底禁止，不仅侵犯了我们的权利，还迫使我们的活动从地上转到地下，以后，会有更多的事情，家长和老师都不可能再知晓了。现在网络主播带货那么火爆，那么赚钱，我们现在学习，以后到了社会上还不是为了赚钱？为什么现在我们就不能锻炼一下？

189

2. 反方观点

大部分家长和老师认为：小学五、六年级的学生还没有达到法定的民事行为年龄，他们所从事的任何商业行为都属于无效法律行为。他们进行与年龄不匹配的商业活动，就算有收入，那也是不合法收入，不受法律保护。学生在学校应当以学习为主。在学校里面从事赚钱、带货等商业行为，不仅影响学习，影响班风学风，还浪费了宝贵的时间。学生们的思想不成熟，考虑问题不周全，尝试新的领域又没有接受专业指导，很容易产生纠纷。他们解决问题的方法也欠缺，带货等行为在影响他们学习的同时，也影响他们的身心健康，安全隐患极大。学生带货的种类，如果只是简单的食品、水果等，学校还只需要担心食品安全问题，但是如果是不健康小说、手机游戏充值、家长不允许购买的危险玩具等，不仅后果无法预计，而且，一旦发生纠纷，学校可要承担相应的连带责任。因为学生们判断意识不清晰，带货等经商行为很容易让他们形成见利忘义、唯利是图、金钱至上的价值观。在国家号召劳动教育的同时，习主席特别强调：科技强国，共筑中国梦。从"天眼"探空到"蛟龙"探海，从页岩气勘探到量子计算机研发，教育强国，中国百年树人的核心始终没变。华为的芯片事件，还不能让我们记住教训吗！学生们在不同的时期应该做不同的事情，正确的人生观、价值观、格局观的培养远比一时的蝇头苟利重要。在五六年级的黄金阶段，学生们最主要的事情是学习，而不是经商。在该学习的时间里浪费了韶华，那么在收获的季节里，只能甘于平庸。这种风气一旦在学校里形成，祖国的未来何在？教育者的育人作用又何在？我们如何对得起中华民族五千年的优秀文化？

少部分学生认为：部分学生太懒了，自己力所能及的事情，非得要麻烦别人。不仅买的东西不健康，还经常为了这些事情吵吵嚷嚷，搞得教室乱糟糟的，影响班级团结和同学关系。

3. 班主任观点

在学校里进行带货行为，影响学生学习，影响班风学风，存在安全隐患，影响学生身心健康发展。学生的主要任务是学习，他们处于限制民事权利年龄段，很多行为不具备法律效力，所以班主任不支持任何带货等经商行为。

但是，针对学生的实际需求，要彻底制止这种行为也很难，结合大禹治水"疏而不堵"的观点，我觉得应当具体问题具体分析，只是班主任需要花大量的时间来规范管理。具体情况请看支招环节。

（1）支招。

① 辩明是非，明白对错。班主任可以邀请家长、老师和学生一起上一节专题班会课"小学生是否可以带货？"，针对此事畅所欲言，在引导学生形成正确价值观的同时，让大家都明白彼此的观点、初衷和可能产生的后果。

② 表明老师观点。校园代购等商业行为影响学生学习、不受法律保护，坚决不提倡。在学校从事带货获利，属于不合法收入，属于不恰当行为，不受法律保护，原则上学生尽量不要从事。

③ 树立学生正确的偶像观。科技强国中国梦的实现，需要每一个学生的努力。学生们的偶像，应该是钱学森、南仁东这样伟大的科学家，余漪这样伟大的教育家，是那些为了中国梦不懈奋斗的各行各界的精英门，而不是某个电影明星或带货主播。

④ 在科技快速发展的今天，物竞天择，适者生存。那些技术含量低的带货等工作，门槛很低，淘汰速度太快，以后毕业了学完全能跟得上，在求知的年龄阶段做这些小事，实在是得不偿失。

⑤ 树立学生正确的人生观、价值观和宽广的格局观。学生阶段，学生最主要的事情就是学习，只有好好学习，未来的他们才会有各种各样深层次发展的可能。学生的人生观、价值观、格局观的培养，是每一位教育者应该特别关注的事情。

（2）特别强调。

带货行为不提倡，如果真的有需要，别的同学也方便的话，请严格遵守带货制度。具体包括以下4个方面：

① 申报制度：班级请教专业人士之后，制定出代购合同模板，限定代购的货品种类、交付时间、违约责任等，有详细的《代购合同》申请模板。如果有不足之处，双方可以协商对合同进行补充说明并给班主任报备。

② 审批制度：学生双方签订详细的代购合同，经过双方家长签字审批之后，交给班委。班委和班主任一起商量，然后由班主任签字决定是否同意。这需要班主任首先对班委进行培训，班委初次筛选之后再交给班主任。班主任、双方家长、双方学生都签字的申请书才可以批准执行。

③ 监管制度：一旦合约签成之后，由监管组进行合同的监督管理、落实

物品的交接和代理费的合理收费问题。不能漫天要价，当然可以做雷锋帮同学带。这个代购费务必限定在商品总价的5%以内，不能让学生形成一夜暴富的想法。

④ 申诉制度：如果双方发生任何矛盾，可以向班级申诉处反映。申诉处的委员们可以和老师一起商量，辨明是非，合理解决，拿出一个双方都可以接受的解决方法，并通知双方家长处理结果。申诉处可以由班里的小法官或者小律师团组成，要能明辨是非，能合理解决同学们之间的矛盾，当然，申诉处更需要老师的大力指导。

4.延伸思考

就像学生所说的："这么大的需求市场，就凭老师或者家长的几句话就要杜绝，那怎么可能呢？我们又不傻，不能双赢的事情我们为什么要做？"与其让他们从地上转到地下，不如我们合理地引导、监管。当然，这给班主任增加了很多工作，如专业的培训指导，每一项合同的审批落实等。班主任付出的虽然多，但是如果能让这个市场走上可控制发展的道路，也值得。当一个新事物产生时，正确的引导和合理的监管，可以让我们在摸索中，完善一套成熟的管理制度。

经过了解得知，孩子的爸爸是律师。当讨论到这个问题的时候，父子双方针锋相对，最终，在妈妈的调解下，才形成了《代货制度》，当然有不足之处，还需补充。但是，最终能让双方都乐于接受，在教育的路上，我们仍需不断探索。

通过大讨论，提升学生们的认知境界，提高他们的格局观，培养他们正确的人生观、价值观，引导他们在正确的时间做正确的事情，虽然老师可能要付出很多，但是，通过这些努力，如果能使学生们有较大的收获，能促进他们的全面发展，我们教育者不妨一试。

教育从来无小事，家庭教育、学校教育无一例外。

（本文曾于2021年5月发表在《班主任之友》第10期，总597期上）

携手社区，乐动春天

深圳市光明区东周小学　缪志娣

　　五年级学生认知发展的特点是逻辑思维能力有了明显的提高，自我概念趋于稳定。他们能够理智地分析问题，客观地评价别人和自己。

　　　　——李家成《"新基础教育"学生发展与教育指导纲要》，第219页

　　我们学校作为"新基础"教育的实验学校，一直秉承着"教天地人事，育生命自觉"的理念，始终坚持"在活动中育人"的原则。对于我校五年级的孩子来说，他们已经在班级或学校参加或举办过各种各样的活动，如与班级建设相关的活动，"生日派对会"，针对各个节点而开展的活动，等等。对于孩子来说，活动的形式也已屡见不鲜，再组织这些活动感觉孩子们怎么都提不起兴趣。于是我们考虑向"外"发展，社区当然是首选。

一、期盼——踏破铁鞋无觅处

1. 社区了解，几近空白

　　近年来，"民生微实事"的项目在各个街道和社区都如火如荼地开展着，这是为丰富居民们的日常生活，提升居民们的幸福指数而开展的。

　　当我跟一些孩子聊起对社区的了解时，我惊奇地发现，孩子们对社区的了解真的不多。他们对社区的了解大多停留在很自我的认识上，比如：

　　"社区是为大人们办事服务的。"

　　"社区里面有很多义工，他们是为人民服务的。"

"社区经常会有晚会活动，跳广场舞的爷爷奶奶都可以去那边展示……"

"我都没有去过社区，那里没什么好玩的吧。"

"我的爸爸在社区上班，我听我爸爸说社区就是为我们服务的，我跟着我爸爸去社区那边当过义工，还挺好玩的。"

……

于是，我把想联合社区一起组织活动的想法跟孩子们说了之后，他们都很错愕：我们能跟社区一起组织什么活动呀？顺势而为，我把这个任务交给了小范（她爸爸就是社区工作人员），让她把我们的设想跟她爸爸沟通、争取。

第二天，小范早早就来到办公室等着我，想要向我汇报她跟她爸爸沟通的结果。她说她爸爸表示很乐意跟学校联合举办活动，并承诺跟领导沟通，尽量争取。

没过两天，范爸爸和社区的两位工作人员就找到了我们学校领导，表示他们想要跟我们学校联合举办活动。大家一拍即合，随即决定让我们五年级的孩子来参与这次活动。

可是，我们可以开展什么活动呢？开展什么活动学生会喜欢呢？具体怎样来开展活动呢？这些问题首先需要我们搞清楚。只有真正清楚了，才能开展学生喜闻乐见的活动，真正激发他们参与活动的积极性，激发他们主动发展的内生力。

2. 活动组织，调查先行

于是，我们在年级中挑选了有意向参加此次活动的六名学生，进行访谈了解，预先了解他们的意向，然后由他们牵头开展接下来的活动。

访谈主要有三个方向：一是他们对社区的了解有多少，二是他们想开展怎样的活动，三是如何延续我们年级主题"小管家当家"系列活动。访谈的结果是他们对社区的了解很少；他们想要开展的活动是既好玩又有趣的；想要延续"小管家当家"系列活动，就要让小管家继续当家——自觉主动组织活动。

在访谈中，有一个学生提出，周末自己基本上都只能在家或由父母带着才能出去，因为父母不放心她，担心出安全事故。这确实是一个很重要的问题，安全由谁保障。他们商量着让父母一方带着孩子参加活动即可。这样既可以拉近亲子距离，改善亲子感情，又可以保障孩子的出行安全，一举两得。

接着，老师组织本次活动的社区负责人和这六名学生开了碰头会，主要讨论开展什么活动、怎么开展活动这两个问题。然而，具体怎样开展活动，在碰头会上还是没有讨论明确。原本的设想有些过于模式化，有些又过于成人化。会后我们一致决定，先做一个调查，从调查入手，寻找突破口。因此，先头部队就开始紧锣密鼓地进行调查问卷设计。

针对问卷调查的结果，我们经过讨论，最终决定延伸我们五年级这个学年一直在开展的活动——"小管家当家"系列活动，由于我们引进"社区"进入我们的活动设想领域，我们进一步决定开展"携手社区，乐动春天"之"小管家认知植物"的亲子踏青春游活动。

二、律动——千呼万唤始出来

1. 分工安排，落实到位

几经讨论之后，我们决定采取类似竞赛的活动形式，这样既有竞争又有意义。具体怎么执行，我们逐一进行了细致的讨论与策划：

（1）由这六个学生牵头，做好活动的组织宣传；确定好活动的组织形式；招募好参与活动的人员，收集好相关信息；考虑好活动需要注意的相关事项；等等。

（2）老师负责监督本次活动具体开展情况，如做好顾问、监督落实、保障宣传等。

（3）社区的工作人员需要准备好活动所需的一应物品，安排好管理人员保证活动的秩序与安全，等等。

活动定下来了，由最先招募的有意向参加此次活动的六名学生开始组织年级宣传，而老师、社区负责人和家长则充当他们的智囊团。

2. 设计宣传，有效开展

（1）设计海报与宣传单。领头的六人小组充分发挥自己的才能，先设计出符合主题活动的年级宣传海报和宣传单的草稿。草稿拟订之后，他们积极地寻找相关老师，如班主任、美术老师，甚至是周边同学，他们综合大家所给出的意见，有针对性地进行修改，力求主题突出，版面美观，有设计感。

（2）呈现海报与宣传单。他们的工作非常高效，仅两天时间就完成了任务。设计出的海报非常符合主题，版面也很美观。宣传单则从简，在海报的背景中截取重要信息，完成宣传单的设计。小组成员把设计好的海报和宣传单交给社区负责人员，由社区负责人员安排打印。这个过程充分调动了这几个学生主动参与的积极性，也充分锻炼了他们的沟通协调能力。

（3）张贴海报与发放宣传单。小组成员把宣传海报贴到五年级走廊的宣传栏里，这样保证了每个学生都能通过宣传海报了解我们即将举行的活动。此外，他们双管齐下，带着宣传单利用课间去每个班里宣传，招募有意向参加此次活动的学生。他们周到地及时登记好了有意向参加的学生信息，包括姓名、班级、家长姓名、电话、住址等。

（4）落实到位。在活动开始的前一个晚上，他们六个人分工合作，负责通知和确定参加活动的人员，最后反馈给老师和社区工作人员，工作做得细致到位。

在这一过程中，这六名领头学生，合理利用有效时间和有关人员进行组织宣传，工作在他们的推动下有效进行着，我为他们的负责与坚持点赞。

三、对决——黄沙百战穿金甲

到了活动当天，六名策划小组成员、社区工作人员和老师早早就到位了，有五年级的二十八对亲子来参加这次活动。

1. 集合分队，增强凝聚力

早上八点在学校集合，通过自愿组队兼综合协调的形式把参与活动的二十八对亲子分成两队，各队经过讨论，选出本队队长，由队长组织队员确定队名和口号。经过十分钟的讨论与协调后，各队终于定好了队名与口号：一队叫凤凰队，口号是："团结努力，我最棒，耶，耶，耶！"另一队叫雄狮队，口号是："我是王者，谁敢争锋！"

队名和口号拟定之后，凤凰队和雄狮队的"PK"正式开始，我们全体一起向圳美社区的荔山公园进军，有条不紊地开展接下来的活动。

2. 活动开展，有条不紊

第一环节："洞察一切"

（1）宣布游戏规则：在队伍行进过程中，两队注意观察周边的植物，到达指定地点之后，各队凭记忆写出观察到的植物名称，记得多的一队为胜。

（2）在行进过程中，两队队员着力记忆。

（3）两队呈现所记植物。

两队所记的植物名称和数量几乎相同，最终雄狮队以微弱的优势获胜，赢得了第一局。

第二环节："无所不知"

（1）宣布规则：参观公园中的植物，行进中由两队的学生和家长交叉介绍相关植物的品种和习性，如华盛顿葵、红花檵木等。了解得最多、介绍得最全面的一队为胜。

两队的学生与家长交叉介绍。老师在这一过程中适时进行纠正或补充相关知识，社区人员做好登记。

（2）介绍别开生面，孩子们和家长都做好了充足的准备，一个个讲得头头是道，实力也是不分伯仲。最后，凤凰队以多知道两种植物的品种和习性而赢了第二局。

第三环节："妙笔生辉"

（1）宣布规则：由学生和家长选择心仪的植物进行观摩，学生执笔，家长建议，开始写生大赛。40分钟后将学生的作品上交到工作人员处，统一挂到两棵大树中间的绳子上，用夹子夹好。工作人员组织学生和家长进行不记名投票，每个人一票，根据得票数评选出一等奖2名、二等奖6名、三等奖10名，根据获奖结果，统计出各队参赛学生最后的总得分。

（2）家长和孩子纷纷选择自己心仪的植物开始观摩，边观摩边开始动笔描画。这一过程中学生和家长都非常用心投入，时而激烈讨论，时而沉浸作画，有些家长还时不时地帮助孩子描补几笔，场面非常温馨感人。

（3）40分钟之后，社区人员开始收集学生作品。学生的名字统一写在作品的背面。作品用夹子夹好展示在两棵大树中间的绳子上。

（4）老师组织家长、学生、社区人员进行不记名投票，投票结束后，由社区人员统计最终得分。这一局凤凰队以较大优势获胜。

一个上午的活动，安排得满满当当的，学生和家长的体验和收获也是满满当当的。活动结束后，由老师公布获胜队伍，发放相关奖品与纪念品，输的那一队也有相应的纪念品。最后全体一起拍照留念。

整个活动过程中家长和孩子兴致盎然、热情似火，虽有点儿小雨，但完全抵挡不住他们想要继续参与活动的激情与脚步。

四、后续——千树万树梨花开

1. 感性表达，理性回眸

在本次活动之后，学生每人写了一篇活动日记或心得，家长也以文字的形式反馈了参与活动的收获或建议。很多孩子的日记或心得都写得很生动感人。

李如玉在心得中写道："我原本以为社区是为大人们办事服务的，通过这一次的活动我才知道社区还可以带着我们这样玩，真是让我大开眼界。"

颜循康则说："参加这一次的活动，别的不说，就连植物我都多认识了几样，例如华盛顿葵、海芋、苏铁等；有些植物很常见，但是我总是叫不出名字，如旅人蕉、波士顿蕨、棕竹等，现在我也知道了……"

家长们的反馈也是特别好。

范兴琳爸爸说道："这样的活动虽然简单，但是很充实，拉近了我与我女儿的距离。非常感谢有这样的一次机会，让我们这么近距离地接触与交流。"

庞和鑫的家长说道："这一次活动让我看到了我儿子对待事情可以如此专注、如此入神，让我感受到他完全不同的一面，特别是与平时老师反馈的、我们发现的不一样的一面，他不再邋遢，不再吊儿郎当。"

活动之后，家长和孩子普遍反馈，这样的活动应该多举行，既增进亲子关系，又让孩子周末生活丰富多彩，既加强学校与社区的合作交流，又能让孩子学以致用，一举多得，何乐不为？

2. 活动延伸，拓展空间

与社区联合举办完本次的亲子踏青春游活动之后，有些孩子在走廊遇到我之后都会亲切地打招呼，甚至还会问我："我们还能不能再举办类似的活动？""我们能去社区那儿玩吗？"听到学生中有这样的反响，我心中真的很欣喜。

活动后，范兴琳自发组织身边的同学、朋友走进社区当义工；社区活动现场也有了一些小小志愿者、引导员；有很多同学主动参加社区举行的学习活动，如学烙画、学纽扣画、学羽毛球等。

我想这便是本次活动举办的成功之处吧，孩子们对社区都有了新的认识和理解，也很乐意参与社区组织的活动。孩子们有了更广阔的空间可以活动，便有了更多的发展可能。

评析：

社区延伸，成就交往发展可能

一直以来，我们说到教育，谈得最多的就是家庭教育、学校教育以及家校如何合作，常常会忽略社会教育这一块。学生的发展空间除却学校就是家庭，其他地方很少涉及。学生很少主动了解社区事宜，更少自觉参与社区活动。社区活动想要融入家庭，其实困难重重。因此，像缪老师组织的这一次活动，让学生主动参与到学校与社区的活动组织当中去，让学生清楚地感受到社区活动可以如此开展，是非常有意义的。

一、成长可能

家校活动向社区延伸，是积极利用各方资源，开展拓展活动，实现学生的成长可能。因此，充分挖掘社区活动中独特的育人价值，是非常有意义的。

（1）扩大了学生的成长可能。鼓励学生积极主动地组织策划年级活动，甚至是校级活动，学生的同伴交往能力，与老师、社区人员的交往沟通能力，活动的组织策划能力，等等，都能够得到很好的锻炼。

（2）扩大了家庭的成长可能。在这样的平台当中，家庭与家庭的交往、学生与家庭的交往都扩展了，可以很好地拉近亲子距离，改善亲子感情，也能让各个家庭之间产生共鸣。

（3）扩大了社区的成长可能。通过组织这样的活动，社区可以更加贴近家庭，贴近个人，让社区的工作更顺利地开展，也可增加家庭与个人对社区的认同感和归属感。

二、积极交往

结合缪老师的"携手社区，乐动春天"的活动，我们认为鼓励学生积极交往，应该成为学生成长的内在要求。

1. 主动沟通，搭建参与平台

教师充分利用班上学生家长资源，推动学生与家长的沟通，推动学生与社区工作人员的沟通，推动学生与学生之间的沟通，从活动的组织、策划、宣传、开展、后续等方面实现沟通的多元化。在此过程中教师隐于学生身后，把更多的沟通发展的机会交给学生，从而最大限度地锻炼学生的交往能力。

2.资源再用，丰富认知可能

围绕本次活动，组织者充分挖掘社区资源，提升参与的时效性与丰富性。社区公园的资源再利用，让学生充分投入，去观察，去了解，去接纳，发挥社会资源的更大效用，促进学生关心身边事物。同时，学生对于社区的认知与了解也必然加深。

3.保持开放，加强互动交流

与社区联合举办完一个活动，之后可以延伸到更多的时空当中，那么这个活动就是有价值和意义的。例如，在缪老师的这个活动当中，学生对社区的认识增多了，主动参与活动的积极性提高了，对社区的各大领域兴致盎然，这就是活动成功的证明。

以点带面，力求突破

——假期生活研究主题之小书虫系列活动

中山大学深圳附属学校 梁慧凌

小太阳中队一直沿着学校假日主题生活的方向去研究和实施活动。在挖掘假日生活的育人价值上，我们持续进行探索。

一、活动现状

在精彩纷呈的假期生活中，我们不断进行总结与反思。以上一学年的周末亲子活动为例，我们开展了缤纷周末主题活动。从前期动员，到策划筹备，到中期推进，再到后期进行总结汇报和最后的展评，我们取得了一些进步和成果。

我们发现学生已经能够做到积极主动参与亲子活动，前期主动磋商，认真写好方案，活动时积极表达自我，活动后自主反思。但进行活动时，活动质量参差不齐、部分小组活动流于形式等问题仍困扰着我们。小组内，积极的同学能力得到了提升，但较为被动的同学总缩在后面，不愿意主动去参与组织和策划活动。

针对这些问题，这一学期我们重组小组，缩小小组的规模，同时吸收新的成员加入，给小组活动注入新的活力。

出于主观和客观的原因，只有一小部分家长能够坚持参与活动，因此家长轮换机制需要更加完善。在本学期初，部分小组内又重新调整了活动章程。为了调动家长参与的积极性，经过多方讨论，我们计划招募积极参与的同年级家长、学生，多方影响、带动比较被动的家长与孩子，在参与活动的过程中促进生生交往、亲子关系、师生关系。

这一学期的活动开展，结合了学生的学习和活动需求，在活动的内容上，以各个小组的需求为主，更加灵活；在人员安排上，形成以学生为主导、家长为辅的形式；在活动的推进上，家长、老师减少介入的时间，放手让学生去组织，去讨论；在亲子关系上，提供更多平等沟通的机会，让亲子关系进一步巩固。

二、家长的变化

亲子共读活动项目的推进，在孩子身上产生了立竿见影的效果，但让笔者没想到的是家长的变化。

学校位于光明北片区，大多数家长忙于生计，无暇顾及孩子。在开展活动之初，想召集全体家长来与会，是一件难以完成的任务。老师私下一个一个打电话沟通，家长百忙中抽空参与了第一次会议。在会议中，老师从各个方面阐述了活动的重要意义，但家长的参与热情没被充分调动起来。甚至有个别小组出现了这样的现象：孩子已经准备好参加活动，家长以太忙、家远、太麻烦等理由拒绝带孩子加入小组活动。

活动中期，我和孩子们都意识到了这个问题。在继续开展活动的过程中，我们针对比较被动的家长，从多方面了解了他（她）的情况，与其他组员家长也进行了沟通，情况有了好转。部分孩子的家长愿意参与活动了。

这一阶段有一个小组的活动开展得非常成功。这个小组在一个学期的亲子共读活动中，几乎做到了全员参与，而且活动形式较为新颖，家长配合度非常高。通过了解，我们知道这个小组的家长与其他组的家长也是一样的，平时非常忙碌。但这个组的家长采取轮番制，保证每一次活动开展时，都有最少3~4名家长参与。同时，家长之间经常进行组内交流，由小组家长代表牵头，对出现的问题及时解决，对一些不合理的流程进行及时调整。整个组家长齐头并进的劲头，给予了我们很大的鼓舞。

征求了这个组家长的同意后，后来我们进行了小组重组。这些积极的、优秀的家长被分到每个新的小组里。他们对小组活动的组织与协调、对调动家长积极参与都有较为成熟的经验。我们希望这一批家长打散到每个小组后，能起到领头羊的作用。

这一学期的活动开展，效果让我们大为惊喜。这些分散到每一个组的家长，在组织活动时积极主动，面对各种困难时不退缩。其中有一个小组的家长给我留下了极其深刻的印象。这个小组的同学住所比较分散，部分家长也较为被动，这个小组家长一遍又一遍在群里与每个家长进行沟通，当某个家长以家离得远，不适合参加活动为由时，这位家长主动进行沟通，采取"山不过来，我就过去"的策略。在不断的推进中，活动取得了一定的效果。

从"一枝独秀"到"百花齐放"，我们班的家长的变化着实让我感到惊喜。当家长与家长之间的交流多了，孩子与孩子之间的交流多了，亲子之间的交流多了，师生之间的交流多了，我们的活动也将开始书写崭新的篇章。

三、未来规划

亲子共读的价值不仅在于读书，也不仅在于使孩子增长见识，它更深层的意义是实现亲子之间、子子之间、家校之间、师生之间以及班班之间的交往价值。

随着活动的持续推进，我们将不断改变活动的形式。这一学期，我们招募了新的组员，跨班的交流将是一个新的开始。小组活动的活动形式将不断变化。

1. 丰富阅读+的小组活动形式

一位家长在上一学期活动结束后向我们提议，由于他们组的孩子普遍缺乏体育锻炼，这一学期他们小组的活动除了阅读，其余的活动会向运动倾斜。所以，我们有了阅读+这个概念。

我们的小组形式是否可以根据孩子与家长的不同需求，划分不一样的阅读+小组呢？比如说喜欢旅游的小组，以阅读+旅游的形式开展小组的活动；爱好摄影的小组，以阅读+摄影的形式协调小组活动。再比如，阅读+娱乐、阅读+表演、阅读+音乐等。

以孩子和家长愿意参与的形式调整小组的活动形式，让小组活动更加丰富、精彩。

2. 完善小组、班级、年级的评价形式

对于常规的小组活动，在观察了每个组的活动后，我们发现仅有几个小组能够及时进行组内反馈，但是反馈的内容多为改进的意见，对于好的方面表扬

得不够多，不够彻底。这也是我们整个活动的最大问题。

从小组到班级再到年级，我们将进行一定的转变。小组内的评价机制的不断完善，尤其是表扬机制，是接下来活动的一个重点。同时，通过班级的活动，对做得优秀的小组进行表彰，其做法也可以在年级进行推广。

激励机制应不断在活动推进的过程中逐步完善。

3. 活动的成果梳理

系列活动带来的变化是可喜的、可见的。但我们的成果收集和梳理还不够，在接下来的活动推进中，我们将不断对之前的活动进行文字梳理和编辑，对相片、视频、读书笔记、亲子纪念册、运动卡等活动成果进行整理，把这些珍贵的资料进行整理与展出。

亲子共读活动，带动的不仅是孩子，还有家长，更重要的是孩子与家长之间的交流更多了，孩子与孩子之间的沟通更顺畅了，家校合作得也越来越好。

在未来的活动中，我们仍将不断努力，力争扎实开展好每一次活动，在每个活动中都有所斩获，有所成长。

在学生劳动素养的提升中挖掘育人价值

——对一次班级主题活动的个案研究

深圳市光明区李松蓢学校　陈家琪

2018年9月10日召开的全国教育大会明确要求：要在学生中弘扬劳动精神，教育引导学生崇尚劳动、尊重劳动，懂得劳动最光荣、劳动最崇高、劳动最伟大、劳动最美丽的道理，长大后能够辛勤劳动、诚实劳动、创造性劳动。如何提升学生的劳动素养，让他们感受劳动的快乐，提高劳动技能，喜欢动手劳动，且尊重劳动者呢？

"班级日常生活对儿童的生命质量有着不容忽视、不可否认的影响。每一天的交往关系，每一周的实践活动，每一年的生命体验，都将积淀在儿童的生命之中，成为其不可剥夺、不可丢弃的机体构成。"《重构班级日常生活与学生发展》中这样说。对学生的劳动教育，当然要从班级日常生活开始做起。基于这样的认识，笔者作为一名小学一线班主任，着眼于学生的日常生活，尝试挖掘学生生活的育人价值，从小处着手，让学生的日常生活充满意义，让学生在日常生活中，提高综合素养。为提升学生的劳动素养，笔者立足学生日常生活，在班内开展劳动教育。

本文以深圳市李松蓢学校二年级（4）班学生的一次卫生岗位学习的主题活动为案例，探讨低年级学生在班级主题活动中提升劳动素养的过程，聚焦学生的实践能力、关系建构和成长自觉方面进行剖析。

一、劳动技能学习打开发展新空间

9月，原一年级（4）班的学生上二年级了，换了新的班主任，领了新教科书，面临新学期的挑战。学校学生发展中心规定，二年级学生打扫卫生不能再像一年级那样，全程由家长代劳了，二年级学生要逐步摆脱对家长的依赖，要学会自己的事情自己做。

于是，二年级（4）班开始了小队卫生岗位轮值制度，每周由一个小队的学生负责卫生。自从学生开始自主负责卫生轮值，班级的卫生情况越来越差了，常常被"小松苗监督岗"扣班级卫生分数，获得"博雅班级"荣誉称号的次数越来越少。寻其根源是孩子们劳动技能差，不懂得与同学合作完成任务，缺乏责任感和自觉性。

基于上述背景，班主任与学生开展了"卫生岗位技能学习"的活动。在活动的第一阶段，以班级里的小队为单位，学生自主探索，通过不同途径学习劳动技能。多方学习劳动技能，提升劳动素养，为学生打开了发展新空间。

1. 融通家校资源，提升家庭生活价值

天才小队选择向自己的爸爸妈妈学习劳动技能。在整整一个星期的学习时间里，天才小队成员每晚回到家里，都向爸爸妈妈请教扫地、拖地、擦桌子、洗抹布等方法技巧。在这个过程中，学生在家多次尝试劳动，掌握了劳动技能。在与父母的交往过程中，促进了亲子关系，提升了家庭生活的价值。很多父母在群里分享孩子学习劳动技能的图片、文字材料，分享活动给孩子带来的改变——孩子更愿意劳动了，在家能做一些力所能及的家务减轻父母的负担了。

2. 巧借校内资源，从新视角里学感恩

太阳小队的成员选择向学校的清洁阿姨学习劳动技能。下午放学打扫卫生的时间，正好是阿姨准备下班的时间，太阳小队经过队内成员的商议，一同去向阿姨请教如何更好地打扫教室。学校负责桃李楼［即二（4）班所处的教学楼］的卫生的杨阿姨十分热情，耐心地为孩子们演示拿扫把、握拖把的姿势、动作要领，手把手地教孩子们怎么把教室打扫得更干净。孩子们兴奋不已，认真地跟着阿姨学习，受到了清洁阿姨的鼓励与表扬。当天卫生打扫完后，他们还通过与阿姨交谈了解到阿姨一个人负责整个桃李楼（5层楼）的卫生保洁，阿姨最大的烦恼是回南天，地面返潮。孩子们赞叹："阿姨工作真是辛苦、负责。"向清洁阿姨请教的过程不仅是对孩子们交往能力的考验，更能激发孩子的感恩意识，培养他们尊重劳动者的价值观。孩子们以前也常常见到清洁阿姨在走廊楼道间辛勤工作，但往往都是视而不见，自从那一次请教后，孩子们在路上见到清洁阿姨都会主动亲切地与其打招呼。

3. 打通年段壁垒，在同伴交往中学习合作、互助

老虎队的成员决定向五年级的哥哥姐姐学习如何打扫卫生。找了一个中午的时间，约上五年级（1）班的一些哥哥姐姐，老虎队的学生对哥哥姐姐进行了采访。老虎队的小队员们和哥哥姐姐们分享自己在值日过程中遇到的困难，希望哥哥姐姐给他们提出建议。出乎意料地，五年级学生的回答非常有学习价值。哥哥姐姐们告诉二年级的孩子们，小队轮值时，一定要注意分工合作，而且分工合作时要细心地考虑每一个同学的特点，比如，力气大的同学可以负责抬水，高个子的同学负责擦黑板，等等。采访结束后，热心的哥哥姐姐还绘制了值日分工的图表，希望能给孩子们一些启发。二年级学生与五年级学生的交往，是一个大手拉小手的过程，而孩子们从中受到的启发，则是在小队建设中十分重要的团结协作能力的培养。一开始小队轮值的时候，有的工作没人做，有的工作则"人满为患"，几个同学挤在一起擦黑板，而扫地、拖地无人问津，卫生值日时间长、效率低。在五年级学生的指导下，孩子们慢慢开始学习如何与同伴合作完成一项任务，这就增强了与同伴的交往、合作能力。

二、在实践的过程中升华活动主题

以小队为单位的多方学习进行后，学生在老师和家长的指导下，对学习的过程进行了总结和呈现。在总结收获的过程中，学生把外在的知识与技能，通过实践、创新的方式进行内化，并且进行了主题的升华。小队多方学习后，班主任对学生提出了一个要求：在成果汇报展示课上，展示自己小队的收获。

天才小队在家长和班主任的指导和帮助下，创作了一首《教室卫生顺口溜》，这首顺口溜囊括了他们学到的打扫教室的技能要点。

天才小队创作的顺口溜刚开始只有一两句话，小队员们经过商讨，又创作出更多的内容，然后在小队家长助手的帮助下，将其修改得更加整齐与顺口。天才小队的孩子们把顺口溜背得滚瓜烂熟，然后配上舞蹈动作和音乐，在成果汇报课上，既展示了小队的风采，也把这首有趣、充满童真的顺口溜带给了全班。孩子们发现，小小的卫生劳动也蕴含着大智慧。简单的卫生劳动和复杂的创造性劳动相结合，迸射出属于孩子们独特的智慧结晶。

卫生宣传小队的队员采用绘制手抄报和宣传画报的形式，把学习过程与感受与同学分享。劳动素养不仅表现在学会劳动的技巧上，更加表现在对劳动者以及对他人劳动成果的尊重上。二年级（4）班的孩子还没有养成良好的卫生习惯，常常随地扔垃圾，因而，班主任引导成立"卫生宣传小队"，对孩子们的劳动素养、卫生意识进行进一步提升。

围绕着这样的主题，宣传小队的学生担负起创作新一期黑板报的艰巨任务，在此之前，他们从来没有以小队为单位，独立地出过黑板报。考虑到二年级孩子的年龄较小，个子还比较矮，手绘黑板报不符合班情，班主任于是决定用手抄报来组成新一期黑板报。在班主任的引导下，小队队员首先进行分工，确定每个学生负责的小主题与任务，学生合作或者独立完成自己的任务后，利用一个周末的时间，孩子们与家长、班主任相约，走进教室，一起布置了属于他们的黑板报。

手抄报的创作，涉及劳动技能习得的总结呈现、与美术学科联动的构图与配色技巧、与语文学科联动的书面语言表达能力，并将这些汇合成黑板报的动手操作能力。多重资源的呈现，多种能力的提升，在宣传小队的实践中一一涌现。

二年级（4）班的炫彩小队队员一直都是课堂话剧的爱好者。他们决定用话剧的方式表达他们的所思所感。小队员们以学生的日常生活为素材，创作出了一段精彩的小故事，大致情节是小农和小葛两个孩子，刚开始卫生值日时，不负责任，不懂团结合作，不会打扫卫生，做事情虎头蛇尾，后来经过学习，学会了认真打扫卫生，受到老师和同学的赞扬。小故事蕴含着大道理，在话剧的呈现过程中，班中笑声不断，孩子们脸上洋溢着喜悦，看完后，想要分享感受的小手密密麻麻地举起。他们谈到了"知错能改，善莫大焉"，谈到了"责任感"和"集体"等话题。

对炫彩小队队员而言，他们开始学习对自己的日常生活进行艺术的加工与创作，然后提炼出有价值的内容来。在这个过程中，劳动素养的提升与艺术素养紧密联系在一起，相互促进，共生共长。对班上其他学生来说，欣赏话剧的过程是艺术审美的熏陶，而谈感想和讨论则是对思维逻辑的训练，对同一件事情，学生尝试从不同角度去看待，并且得出不同的、合理的结论。

另外还有太阳小队在课堂上进行当堂演示，把卫生打扫工具作为道具，一边解说，一遍演示；老虎队以图表的形式展现自己的学习所得；等等。"卫生岗位技能学习"的总结分享会，升华了活动的主题，把活动的育人价值由点及面地放大给全班学生。

而在这个过程中，学生的语言表达能力进一步得到了锻炼。学生需要向同学说明打扫卫生的技巧和要领，分享学习过程的感受与收获，需要经过多次活动前的练习，才能在分享会上流畅、清楚地表达，自信、大胆地展现。

三、多元评价尝劳动之乐

"小队合作的活动过程，不能没有评价。评价必有标准，所以评价的标准也引导了学生价值取向的形成。"为了让"劳动技能学习"活动的效果能够持续更久，影响更深远，班主任采用多元评价的方法促进活动开展与持续。

依据评价主体的多元性，活动过程中采用同伴评价、家长评价、本班班主任评价和他班班主任评价的多元主体评价。在这样的评价体系中，学生不仅自己是被评价对象，更是评价主体。在活动中，学生成了积极的参与者和合作者，在评价他人的同时，更加明确了对自己的要求，提升了成长自觉性。而家长评价更是评价体系中重要的一环，家长改变原来"替代""包办"的教育方式，扮演"督促者""协助者"的角色，在活动中，起到积极的推动作用。每日卫生值日后，小队的家长助手都会在班级QQ群里写下总结评语，这大大地提升了学生的劳动积极性和责任感；也指出不足之处，批评个别孩子调皮玩闹的现象。

形成性评价、过程性评价与结果评价相结合。在整个活动的过程中，班主任对学生取得的进步及时进行鼓励点评。学生多方学习劳动技能后，班主任在班内组织了"我们是卫生岗位小能手"的比赛活动，作为活动中一个形成性评价，以小队为单位进行扫地、拖地、洗抹布和洗拖把比赛，学生在现场进行劳动技能大比拼。过程性评价对二年级学生小队荣誉感、团结意识的培养都有所促进，在比赛中，学生团结互助，小队面临困难时，队员们出谋划策，如爱心小队在进行洗拖把比赛的时候，拖地桶坏了，班主任和在场的家长都无法把拖地桶修好，情急之下，爱心小队的队员用双手托着拖地桶的边沿，让自己的队员能够顺利把比赛进行下去。学生在实践中展现出的机智和团结一致的精神，是超乎我们想象的。

　　"我们要将评价体系的建设与教育的整体变革沟通起来，大胆探索，形成富有中国特色和时代新制的评价系统。在其中，学生发展评价或班级日常生活质量评价将既是其内核构成，也是体现新思想、新发展路径的载体。"在本次活动中，评价促进学生劳动技能的习得，提升学生的劳动素养，让学生在劳动实践中进行创新，在关系的建构中成长，在成事中成人。

参考文献：

　[1] 李家成. 班级日常生活重建中的学生发展 [M]. 福州：福建教育出版社，2015.

　[2] 李家成，王晓丽，李晓文. 学生发展与教育指导纲要 [M]. 福州：福建教育出版社，2016.

课间生活大变身，我有小妙招

深圳市光明区李松蓢学校 张丽思

课间十分钟对于每个孩子来说都十分重要，他们可以用不同的方式让自己在紧张疲惫的学习中得到片刻的休息和放松。由于学生个性不同，有些学生喜欢安静地休息，有些学生却喜欢释放自己的天性，追逐打闹，尽情玩耍。可有时"尽情"过头，便会产生很多安全事故，给班级管理带来困难。如果搞"一刀切"，强制学生在班里安静地待着，又会限制了学生的课间自由。学生的课间管理成了令班主任头疼的问题。

那么，作为一名班主任，该如何管理学生的课间生活呢？对于这个问题，我有小妙招。我所带的班级课间生活从杂乱无章到整齐有序，从无聊透顶到新奇好玩，学生从不知道课间干什么变成了课间生活的主人。在课间，学生能够尽情地玩，还能在玩中学习，玩中进步。你们想知道我们班的做法吗？下面，我将与大家分享我们班的课间生活。

一、头疼的课间

"丁零零——"下课铃声一响，我们班那群好动的小男生便像一群刚出笼的小鸟，欢快地跑出教室。他们笑着奔向走廊，奔向这个他们课间最爱的地方，一个能让他们尽情玩耍，释放压力的地方。

在走廊里，他们的花样可多了！他们比赛跑步，从走廊这一头跑到那一头。他们玩"老鹰捉小鸡"的游戏，"小鸡们"上蹿下跳，好不乐乎！他们玩"拼火车"游戏，"火车头"领着一大截"小火车"歪歪扭扭地前行。他们还喜欢跟地板亲密接触，在地板上来回翻滚。

他们的欢乐却给班级成员带来烦恼。近日来，我们班安全小事故频发，全都是因为这群小男生在走廊里肆意奔跑，不小心冲撞别人造成的。屡禁不止后，作为班主任，我生气地把几个爱闹的小男生叫来训话："你们下课就不能像其他同学一样安静地待着吗？跑什么跑？说了多少次了都不听！""老师，对不起，我们下课就是想玩一下，不然太无聊了。"一个小男生坦白地说。"无聊？怎么会无聊？下课那么多事可以做，怎么就无聊了呢？"我不解地问。"老师，我们下课除了喝水、上厕所就是发呆，如果不让我们玩的话，我们真的很无聊……"

二、问题推进

学生的课间真的无聊吗？我开始有意识地观察同学们的课间生活。我发现除了喝水、上厕所之外，闹腾的学生会在走廊上追逐打闹，其余的同学大部分会在教室安静地待着，或跟其他同学聊天。为了弄清楚同学们的真实感受，我制作了一份关于同学们课间生活的调查问卷，让全班同学填写。结果显示，同学们普遍觉得课间生活很无聊，他们渴望在课间能够有事可做。

那么，同学们想在课间做什么呢？于是，我又制作了一份调查问卷。结果发现，同学们的答案五花八门，有画画、看书、跳绳、玩游戏、唱歌跳舞、下棋等。

三、组建兴趣小队

问卷调查结果显示，我班很多同学都有相同的兴趣爱好，但是苦于没人组织，于是我在班上召开了动员会，开始了班级课间兴趣小队建设。

1. 初步组建

我先让兴趣爱好相同的同学组成一个小队，推选出小队长，然后制订出各自小队的课间活动方案。

2. 招募队员

小队长在班上介绍自己小队的课间活动方案，面向全班招募队员。同学们根据自己的兴趣爱好自由地选择小队加入，确保每一个同学都有自己的小队。

3. 完善小队资料，制定课间活动方案

经过上一轮的招募，每一小队都有了固定成员。接下来，在队长的组织

下，成员们讨论并确定小队的队名、口号，活动的时间、场地、内容，队规，考核等内容。经过一轮轮的讨论，我们班最终确定了益智游戏队、龙威武术队、博览群书队、绳彩飞扬队、博思画画队、灵幻手势舞队六个小队。

4. 活动推行

课间兴趣小队组建好后，接下来就是试行阶段。刚开始，同学们热情高涨。每节课后，队长便带领队员们来到活动场地开展活动，下课了我们可以看到：益智游戏队的同学们在玩猜谜游戏，龙威武术队的同学在练太极拳，绳彩飞扬队的同学在训练单摇和双摇，博览群书队的同学在阅读绘本，博思画画队的同学在画荷花，灵幻手势舞队的同学边唱歌边比画动作。同学们乐在其中，课间追逐打闹的现象也暂时告一段落。

5. 问题显现

课间兴趣小队推行一段时间后，同学们渐渐失去了热情，问题开始显现出来。有些队长管理不力，下课后不组织队员开展活动。有些小队活动形式单一，队员们有些倦怠，甚至有了退队的想法。于是，我在班里开了推进会，让各小队分别讲述各自遇到的问题，大家集思广益，出谋划策。经过一番讨论，我们最终确定了改进方案：

（1）小队成员重新分工，做到人人有岗。

（2）丰富活动的形式，让活动内容更加有趣。

（3）根据实际情况，合理安排活动时间。

6. 步入正轨

经过一轮调整之后，各兴趣小队的活动又重新步入轨道。博思画画队利用课间的时间讨论画画技巧，他们把自己在课间的作品贴在黑板报上给同学们欣赏。博览群书队的同学们在阅读课上和同学们分享读书心得。体育课上，龙威武术队和绳彩飞扬队为同学们表演太极拳和花式跳绳。灵幻手势舞队的同学把班歌编成手势舞，音乐课上带领全班同学学习。益智游戏队制作了一些灯谜挂在班上让同学们思考答案。

自课间活动在班上推行后，课下经常能听到同学们的欢声笑语，课上同学们精神也更加饱满。在活动实施的过程中，同学们的组织管理能力、独立思考解决问题的能力有了很大的提高，同学们之间的感情也迅速升温。班上的气氛更加活跃，同学们的幸福指数也更高了。

浅谈学校推荐规则和奖项之间的复杂现象

深圳市光明区公明第二小学　叶文婷

一、案例

因为成绩优秀的女儿未获区三好学生推荐，家长指责班主任只手遮天、私下收礼，扬言告到教育局，并要求与班主任在校长办公室当面对质。班主任始终保持克制，拿出"区三好学生推荐积分量化考核表"，逐条解释评分规则和该生身上存在的问题，家长稍微平静一些，但仍对某些奖项的赋分认定不满，称其为"霸王条款"，双方不欢而散。作者由是感慨：随着家长学识和能力的增长，孩子背后的助力也水涨船高，孩子非现场比赛的很多奖项，各种文章的发表，大多来自家长的手笔；很多现场比赛，因为事先交了高额参赛费用，即使水平不高，也能拿到金灿灿的大奖。被这些奖杯、奖状、奖章簇拥的孩子，在家长心中无疑就是天之骄子。当家长眼中的孩子和我们教师眼中的学生层次不对等时，我们该如何与家长有效沟通，既不打击他们的育儿自信，又能恰如其分地引导他们认清孩子的不足之处，弥补他们的教育漏洞，让家校沟通真正助力孩子健康成长？

二、案例延伸思考

如何理性看待当下的一些学校推荐规则和林林总总的学生奖项之间的复杂现象？

我认为，学校设置了这些推荐规则和林林总总的学生奖项，于学生而言，其目的是激励学生，唤醒并发展他们的潜能，帮助他们成为最好的自己。李镇西校长曾说过：研究并发现每个孩子的特点和潜力，就是我们教育的起点；唤醒并发展他们的潜能，帮助他们成为最好的自己，就是教育的终点。每一个孩子都是独一无二的，每一个学生都是独特且鲜活的生命个体，而我们教师要做的就是发掘每一个学生身上的闪光点，如性格、志向、兴趣、智慧、能力等各个方面，使其特长得到发挥。例如，有的学生学习成绩较为突出，可以设置"学习标兵"的奖项；有的学生体育素质较高，可以设置"体育小达人"的奖项；还有的学生在音体美学科有自己的特长，可以设置"艺术小达人"的奖项。学校设置的规则和奖项要尽可能满足学生方方面面的独特性，促进学生全面发展、个性成长。这样不仅能够让学生找到适合自己的闪光点，还能够强化学生的成就动机，激发他们的上进心和自信心，激发他们朝着学习目标不断努力进取。学校设置了这些推荐规则和林林总总的学生奖项，于学校而言，可以促进学生的幸福成长，充分发挥学生之所能，使其凸显长项，同时推进素质教育，繁荣校园文化，提高学校的整体办学水平，为学校的发展注入新的动力与活力，使得学校有特色，学生有特长。学生没有特长，学校就没有特色，教育就没有生气，学校就难以持续发展。

但是学校教育培养的对象是学生，而且应该是全体学生，这是教育本质所决定的。然而，没有同时适合所有学生、让所有家长满意的规则和奖项，因此，教育不均衡的现象依然存在。每个孩子之间都有差距和差别，奖项并不能满足所有学生，只有少数优秀的学生才能获得奖项。此时的规则变成了约束孩子全面发展的绊脚石。每一个学生都不能够简单地归类，这些学生奖项实际上是把学生分成了三六九等。难道没有获得奖项的孩子就一无是处了吗？学校设置了这些推荐规则和林林总总的学生奖项，在一定程度上给大多数学生造成了心理压力与竞争压力，还会给他们带来挫败感。因此，我们要正视并尊重孩子之间的差距和差别，从每一个孩子的实际出发，对他们进行客观的分析，使其认识到自身的优势和劣势，引导他们发扬优势，改进不足，加强对学生进行思想和荣誉上的激励。

同时，老师和学校也要与家长做好沟通交流的工作。因为每个家长都认为自己的孩子是最棒的，是天之骄子、人中龙凤，无法接受自己的孩子"不够完美"，当孩子落选时自然会感到气愤。我们在与家长解释这些推荐规则和奖项时，要耐心细心地与其沟通，不卑不亢，不能因为家长的不友好而失去耐心，我们要让家长感受到老师是真心实意地关心和爱护自己的孩子的，老师所做的一切都是为了让自己的孩子变得更好。如何与家长做好沟通交流工作呢？我认为要做到以下三点：一是提高教师自身的职业道德素养。案例中的家长指责班主任只手遮天、私下收礼，如果是无中生有，便应该以此警醒自己保持清廉的作风，如果真有收礼，则应该立即归还礼物，向学校、家长道歉，并且深刻反省自己。教师是太阳底下最光辉的职业，只有立好师德，才对得起教师这个特殊的称谓。二是深入了解学生的家庭情况，采取因人而异、因事而异的沟通方式。案例中的家长扬言要将班主任告到教育局，称评分规则为霸王条款等行为意味着家长已经对学校产生不良情绪，此时我们要做的是理解家长急迫的心情，对待家长姿态要自信，言语需谦逊。若班主任已经处理不了，先向学校反映，达成一致后再将家长领到校长办公室。班主任直接解释评分规则和学生身上存在的问题容易造成家长下不来台，因此要晓之以理，动之以情，结合考核表、学生的优势、评奖所需资料等为家长做出专业的判断和有参考性的意见，委婉地指出学生的缺点，让家长了解到学校的良苦用心，从而理解、支持、配合我们的工作。三是根据家长在孩子背后助力的表现，进行有针对性的分析与指导。我们要真诚给予家长建议，帮助家长相信孩子自我成长的力量，鼓励孩子独立思考并完成各项比赛，培养孩子的自觉性。久而久之，孩子就会积累出强大的、自主成长的内在力量。在孩子背后助力参加比赛的行为，实际上是代替孩子思考的行为，建议家长只辅助、指导、检查，执行的是孩子本人。真正面对人生挑战的是孩子，不是家长。

当下的一些学校推荐规则和林林总总的学生奖项有利有弊，教师要正视并尊重孩子之间的差距和差别，从每一个孩子的实际出发，对他们进行客观的分析。在与家长解释这些推荐规则和奖项时，要耐心细心地做好沟通交流的工作，问题自然迎刃而解。

浅析低年段早间小岗位在班级建设中的作用

深圳市光明区光明小学　陈婷婷

一年级的学生刚从幼儿园进入小学生活，从以游戏为主的幼儿园生活向以学习为主的小学生活过渡。对班级的事务缺乏承担岗位责任的生活经历和直接经验。这也导致他们对班级事务缺乏责任感。经过一学期的小学生活，他们初步有了集体意识、纪律意识、环保意识、服务意识，但有小部分学生还是不够自觉，不够配合。甚至有的学生会认为班级事务跟自己没有任何关系，理所当然地享受着别人的付出。这些问题也导致了班级缺乏凝聚力。如何让孩子尽快适应小学生活，建立起班级意识？这是每一个班主任都需要思考和解决的问题。"班级岗位是学生在集体生活中参与集体建设的一种日常的方式，是在集体生活中不断变化的多元角色，也是在集体生活中实现自我价值的重要平台。"因此，我们的早间活动从"小岗位"入手，对班级管理进行深入的探讨。

一、设置早间小岗位，培养孩子的主人翁意识

一年级的孩子好奇心比较强，很容易被外界的事物所影响。尤其是早间活动中，孩子们到校时间不同，在这个空隙时段，如何让孩子既能积极参与班级事务，又能让孩子们养成准时上交作业、到校即读、着装整洁等一系列的学习习惯和生活习惯呢？一年级（2）班开展了"早间岗位我能行"的活动。

在小岗位设置时，需要对班级事务进行综合考量。尝试将权力下放给学生，让他们在讨论和分析问题的过程中发现班级需要的岗位。例如，根据早间到校的情况，班级的问题主要集中在学习、卫生、纪律、仪容仪表四个方面。我们可以引导学生在此基础上思考小岗位的设置，充分调动学生的主观能动

性，让学生学会独立思考和判断。在头脑风暴中我们的"早间小岗位"随之产生：英语课代表、语文课代表、数学课代表、安全小卫士、班级小园丁、卫生监督员、文明礼仪监督员。根据班级的具体情况，可以适时调整服务岗位，每个岗位可以设置2~3人。孩子们在相互合作中，无形中增强了人际交往能力。一个班级绝大多数学生都可以顺利竞选到"早间小岗位"，班主任利用这些"早间小岗位"把班级管理工作下放给孩子，培养孩子的主人翁意识。这样做不仅解决了早间空隙时段班主任的管理困扰，还让孩子们的早间生活更加高效有质量，让班级管理的效率大大提升。

二、竞选上岗，调动孩子的积极性

为了调动孩子们主动参与到"早间小岗位"的活动中，班主任们可以先对"小岗位"进行大力宣传，鼓励孩子们积极参与"早间小岗位"的宣传。通过自荐、他人推荐等方式产生候选人。孩子们可以在家里和家长一起思考自己的优势，准备好竞选的演讲稿，展示自己的竞选优势。小朋友们通过自己的展示进行拉票。经过投票后，现场统计，当场公布投票情况（见下表）。让孩子们感受到获得集体认可的自豪感和责任感。同时，让孩子对自身的岗位更加重视。公示人选名单后，班主任要明确"早间小岗位"的职责，及时评价和反馈孩子们在岗位上工作的情况。

竞选"早间小岗位"，大大增强了孩子们的责任心。孩子们主动积极地参与到班级管理活动中。这就让早间活动变得更加有意义。

"早间小岗位"活动的投票情况

早间岗位	学生姓名	得票数
英语课代表	苏	43
语文课代表	谭	46
数学课代表	汪	35
安全小卫士	毛	33
班级小园丁	李	36
卫生监督员	柴	38
文明礼仪监督员	张	37
早间岗位参选以及投票情况		

三、监管小岗位，培养孩子的责任意识

"早间小岗位"的设置，让孩子们积极参与到班级的管理中。经过前两个阶段的实践和调整，孩子们基本上能够胜任自己所担任的岗位工作。尤其是从第一次竞争上岗到第二次竞争上岗，可以看出孩子们的积极性很高。同时，孩子们处理问题的能力也大大增强。但同时面临着一个问题，随着工作难度的降低和新鲜感的下降，此项工作的吸引力也在下降。比如，红领巾岗位的孩子们虽然基本上每天早上都能准时到岗，随着对岗位职责的了解，但也出现了和其他同学打闹的情况。此外，有些孩子在担任某一岗位时，没有及时受到别人的表扬，看到其他岗位的伙伴得到大家的关注，心里对自己的岗位产生倦怠情绪，积极性大大降低。没有及时评价和评价不到位，确实打击了孩子的积极性。要从根本上解决这个问题，必须完善评价制度。因此，加强监管制度就变得非常有必要。①设置"监管小组"，每一个类型的"早间小岗位"配备一个监察小组。②发动全体学生参与到监管活动中。③班主任要适时评价，设置每周固定的评价反馈时间。④增加"岗位明星"的评选，每月进行一次评选，每次评选出10位"岗位明星"。这10位"岗位明星"不仅可以把自己的照片贴在板报墙，还可以担任下一任岗位组长，对自己的组员进行相应的培训。"岗位明星"的评选不仅提高了孩子们的积极性，也锻炼了孩子们的管理能力和处理问题的能力。多种评价考核制度的设立，让"早间小岗位"运转得更加顺利。

四、轮岗制度，培养孩子的集体意识

岗位轮换制度的确立，让每个孩子都能体验不同岗位。由现任的早间小岗位的组长带领组员招募新成员，再在内部进行培训。学生在现任小岗位上也可以参与到其他小岗位的工作中，全员卷入，从而提升对小岗位的认识。同时，在活动过程中，要及时引导孩子进行自我总结和反思，针对一人一岗的情况，每周周五进行岗位的自我总结和反思，提出自己在岗位中遇到的困难，交流解决方法，以强化学生的服务意识和主人翁意识。学生结合个人评价，对自己一周的表现进行自评，根据自己的表现，在自评表上打星。见下表：

光明小学一年级（2）班小岗位自评表

姓名：_____　　担任的小岗位：_____

根据自己的表现，对照星级标准，在相应的星级中打"√"。

星级标准	星期一	星期二	星期三	星期四	星期五
能主动按时完成岗位任务，能独立处理或解决遇到的问题，工作有方法（☆☆☆☆☆）					
能主动按时完成岗位任务，学会合作，具有一定的服务精神（☆☆☆☆）					
能主动按时完成岗位任务，认真工作（☆☆☆）					
能主动完成岗位任务，偶尔需要同学的提醒（☆☆）					
能完成岗位任务，但是经常需要同学的提醒（☆）					

　　传统的班级管理方式是由班主任包办一切。班主任早上到校后，事情太多，手忙脚乱。事事亲力亲为，反而不利于锻炼孩子的能力，同时，让班主任的工作和负担不断加重。而校级值日生常常在老师到班上之前就已经开始检查。这也让班主任感到非常无奈。早间小岗位的设置使学生"人人参与班级管理"成为可能、落到了实处。对班级来说，小岗位能保证班级日常生活的有序开展。要培养孩子们的主人翁意识，充分发挥学生的主体作用，做到重心下移，真正让学生参与到班级建设中来。

参考文献：

袁文娟.小学班级建设创新实践［M］.上海：上海交通大学出版社，2019.

用心浇灌，守候花开的喜悦

深圳市光明区诚铭学校　陈永红

一、案例背景

每个孩子都是祖国的花朵，由于花期不同，成长的脚步自然也就不同，有的花儿迎风招展，潇潇洒洒；有的花儿含苞待放，遮遮掩掩……需要我们发现，挖掘潜能，用爱去呵护、浇灌。尤其是孩子犯错误时，更需要我们爱心呵护、用心浇灌、耐心地等待，给他们一缕阳光温暖心田，给他们一滴雨露滋养生长。

二、案例描述

1. 发卡风波

记得春季的一个午后，办公室传来了咚咚咚的敲门声，打断了我批改作业的节奏。门突然被推开了，只见心怡已哭成了小泪人。我闻声问道："怎么啦？谁欺负你？"她伤心地哭着说："我今天头上夹的发卡不见了，这是我杭州姑姑送给我的春节礼物……"我急切问："长什么样子的？什么时候不见的？"陪她前来报告的同桌着急地说："她的发卡可漂亮了，蝴蝶形状闪闪发亮，午休前还取下来给同学看，可午休过后，就不见了。""那你有没有放在其他地方，或者记错呢？会不会别的同学借去欣赏了呢？想一想吧？""没有，我中午下课后，把发夹放在了抽屉里，我想午休后再把发卡卡上。"

"那我们赶快到班上去找找，说不定夹在你抽屉的书里！"于是，我大步流星地来到教室，发动全班同学帮忙找，对大家说："你们见过心怡头上的发卡吗？"热情的同学们都说见过。"心怡想把发卡拿出来给大家欣赏，可是忘了把发卡放哪了，你们能帮忙找找吗？"话音未落，全班同学便开始搜寻教室里的每一个角落，但都以失败告终。看来这发卡真是很漂亮，有人喜欢上它了，把它悄悄"借"去欣赏了。

2. 群集群策

我在教室里扫视了四周，看着一个个活泼可爱的脸蛋，实在没发现可疑的对象，沉思片刻。还是等等吧！也许发卡自己会回来呢！我忧愁地走到办公室向其他老师寻找策略。有的老师说："你可以仔细观察每个同学的动态，也可以让孩子互相观察，发现异常情况向你报告。"有的老师说："找一面他们未见过的镜子，可以美其名曰'魔镜'，让全班孩子都来照一照，不敢照的那肯定与这发卡有关系。"有的老师说："你说刚才有同学已经报告给老师了，现在老师给这个同学机会，向老师说明情况，给他一个改过自新的机会……"看着热情的同事，我开始有些疑虑，这些主意也许可行，可是这样子审问，会不会适得其反呢？会不会给孩子造成一定的心理负担？万一照"魔镜"，制造假象说有人已经报告老师来寻找"发卡"，孩子们会不会因为恐慌、焦虑而不愿意上学？

3. 灵机一动

琢磨三思后，我觉得这些办法都不太理想。怎么办？我突然顿悟，《非暴力沟通》中说，语言是一扇窗户，也是一剂良药，可以让人化解心结，打开心扉，如果我能打开孩子心中的那扇窗户，悄无声息地走进学生的心灵，让他（她）放下戒备之心，是不是学生就会不知不觉地向我打开心灵的大门？那么"发卡"事件就有线索了。

可我怎样才能找到打开孩子心灵的那扇窗户呢？如果我能站在孩子的立场，用孩子的视角去看待孩子，赏识孩子，也许会更快地走进孩子的心灵。根据一二年级学生的年龄特征，爱玩是他们的天性，那玩游戏就是首选了。于是，我立即在班里开展了一个游戏活动："朋友窃窃私语"的悄悄话。我说："我们在一个班级里的同学和老师都是大朋友和小朋友，今天老师想和你们玩'朋友窃窃私语'的游戏，把自己的悄悄话告诉你的朋友听，好吗？记得是悄悄话！不要说太大声哦！你愿意吗？"教室里顿时热闹起来，"孩子们欢呼着太好了，太好了，我想和老师交朋友……"孩子们兴奋不止。我借机鼓励道："我们每个人都会犯错误，其实犯错误并不可怕，犯错不改正才是最可怕的事情！老师也会犯错，如果大朋友做错了事，很想改正错误，你们会原谅我吗？""会！""我也会"……孩子们是那么天真、可爱，纯洁。随后我揭晓游戏的主题——"知错就改"，并告知游戏的规则："找自己的好朋友，在他的耳朵边窃窃私语说出自己心中的秘密，并提醒他改正错误！"说完游戏规则，窃窃私语游戏便开始了！

孩子们是那么天真、可爱，话音刚落，一些性格活泼可爱的孩子就离开了自己的座位，寻找好朋友，开始说起悄悄话来。看着小朋友一个一个地找朋友窃窃私语，从自己的身边走过，我感觉有点失落。我心里忐忑不安，会有孩子撇开我老师的身份把我当成好朋友，把秘密告诉我吗？倘若没有孩子来找我，丢失的发卡就没戏了？能找得回来吗？我的心中充满忧虑。正在这时，性格活泼开朗的恒瑞欢崩乱跳地来到我的身边。"恒瑞，你想和我交朋友，是吗？"他爽朗地说："大朋友，我告诉你一个秘密：有一次，我的同桌倩倩把我的水彩笔碰翻了，我就悄悄把她的计数器藏了起来！"我借机引导，"朋友，你的行为正确吗？你一定知道应该怎么做吧！"他马上就把倩倩的计数器还给了她，还对倩倩深深鞠了一个躬，说："倩倩对不起！我意识到我的错误了，我不应该把你的计数器藏起来。"出乎我的意料，孩子能当场认错，请求对方原谅，我情不自禁地为他竖起大拇指，认可他知错就改的举动。不一会儿，又有许多孩子前来承认自己犯过的一些小错误，他们都得到了我的表扬："嘘，这是我们秘密，你知错能改，真是个勇敢的孩子。"

4. 守候花开

下课铃声响起，游戏被迫暂告一段落，可还是没有发卡的消息。可我想，如果把游戏玩下去，说不定会有收获。过了一天，傍晚时纷，我正关窗户，一个平时性格内向，不善言辞的孩子正磨磨蹭蹭地整理书包。我温和地说："要不要老师帮忙？"她低着头，不说话。我走到她身边，她红着脸羞涩地贴近我耳边小声说："陈老师，我告诉你一个秘密，心怡的发卡是我拿的，你不要告诉别人，好吗？"我心里的石头终于落地，长长地吁了一口气：经过漫长而又短暂的三天等待，"发卡事件"终于可以水落石出。"你真勇敢，能告诉大朋友这个秘密，你勇于承认自己的错误，真是了不起！""那你想什么时候还给心怡呢？""我不敢自己还给她。""你需要我的帮助吗？""是的。""那明天你悄悄把发卡放在讲桌的抽屉里，我帮你还。但是以后想欣赏别的同学的物品，要经过同学的允许，好吗？"

三、案例反思

儿童是祖国的花朵，每一朵花都有他的成长周期，有的花朵成熟较早，有点花儿晚成。孩子的成长过程与此同理，有的孩子成长路上较顺畅，有的孩子成长路上较坎坷，有的孩子悟性高，有的悟性较低。我们之所以会犯错误，是因为我们心急，等不到花开的时候，等不及孩子完全顿悟的时刻。正因为我们心中缺少一份等待，一份宽容，少了一双聪慧的火眼金睛。回顾这一切，这时我领悟到了教育的成就感，这个案例赋予了我很多的思考。

四、收获成长

这件事情让我明白了教育是一个漫长的过程，孩子的成长更是一种历练、一种考验。调皮捣蛋是孩子的个性，犯错是孩子的专利，没有犯错的孩子，成就不了班主任成长的空间。在日常生活中孩子会突然顿悟，豁然开朗，只是也许需要我们用心等待……也正是在等待中，我享受到了成长的喜悦。

构建安全校园，家校携手发展

——以年级主题活动"大小头盔共骑行"为案例

深圳市李松蓢学校　陈家琪

"学校为了培养'主动、健康发展'的新人，主动从内部各领域，向外界各方面挖掘教育资源，形成多元合力；反过来，社会也应该为了自身的持续、健康发展，主动关注教育，担负起社会的教育责任，如此，'新基础教育'会走得更稳健、更加深远。"学校的发展离不开对外开放，其中，家长资源是促进学校发展的一支不容忽视的力量，打开校门让家长走进学校，采用多种形式的家校合作，邀请家长走进校园，采用不同的方式进行家校合作，构建更好的校园环境，引进家长资源促进学校发是学校发展的时代趋势。

在学校活动的开展中，如何整合家长资源，实现家长、学生、学校三者共同发展？本文尝试以深圳市李松蓢学校二年级开展的主题活动"大小头盔共骑行"为案例，浅析如何在家长资源的整合与校园安全环境的构建过程中，实现家、校二者的合作与发展。

一、活动缘起——携手护安全，责任你我他

1. 活动背景

《教育部关于建立中小学幼儿园家长委员会的指导意见》明确了家长委员会参与学校管理、教育工作等事项，其中包括家委会保障学生安全健康工作。家长对学校安全环境建设的参与，不仅是家长在为孩子保驾护航，更是履行家长作为普通市民的社会责任。深圳市李松蓢学校坐落于深圳市光明区公明街道李松蓢社区，经过数据调查，学生家长接送孩子上、放学大约有43%选择骑电

动单车，但是家长和学生佩戴安全头盔的意识不强，仅有个别家长佩戴安全头盔，而作为小小乘客的学生，佩戴头盔的数量更少。从2019年3月份开始，学校积极响应交警部门，对家长和学生进行"骑电单车佩戴头盔"的宣传活动。学校采用小手拉大手的方式，先教给学生安全知识，再让学生带动家长，达到安全教育的目的。

在这样的背景下，基于二年级小队建设和安全教育的需要，我们二年级组的老师、学生和家长们共同开展"大小头盔共骑行"的活动，希望为校门口的交通安全，贡献一份力。

2. 活动目标

对二年级的学生而言，培养其集体意识、合作倾向和合作能力是学校及教师工作的核心任务。它既是教育的职能之一，也是少先队组织的主要要求。所以小队建设在二年级的学生工作中，既是目的，也是手段，融合在班级各项活动的设计之中，可以称为二年级学生工作的灵魂。基于这样的认识，本活动有意识地侧重对学生小队合作能力的培养。

（1）通过活动，促进小队建设与岗位建设，让学生学习在小队中与同学合作，通过岗位协作完成活动任务。

（2）通过动员学生对活动的积极参与，锻炼学生的交际能力、组织能力、应变能力，提高学生的安全意识，增加学生对骑行戴头盔的重要性的认识。

（3）通过小手拉大手的形式，让活动通过学生，对家长，乃至对社区产生正面影响，培养学生的社会责任感。

3. 活动对象

本次活动的参与者为二年级的学生和家长，二年级的班主任们在活动中承担指导者的角色。

4. 活动准备

（1）学生在家长、老师的指导下，对有关安全头盔的资料进行搜集，了解为什么骑电动单车要佩戴头盔，了解头盔的质量与安全性之间的关系等知识。

苏霍姆林斯基说："真正的教育是自我教育。"学生和家长通过发挥主观能动性，主动搜集资料、学习安全知识，能够意识到骑行佩戴头盔的重要性，为本次活动的开展奠定"生命自觉"基础。

（2）学生利用所学知识，在家长和老师的指导下绘制手抄报或者宣传单。

二、活动过程——家校同助力，活动齐商讨

环节一：问卷调查，动员策划

作为活动的第一步，活动的前期调查是很重要的，它可以帮助我们了解活动开展前的情况，让我们更加清晰活动的目标和思路。问卷调查的形式很多，可以用表单的形式做网上的问卷调查，可以用每班发问卷、收上来的形式，等等，但在本次活动中，为了锻炼学生的能力，促进小队建设，让学生以小队为单位开展活动，我们采用小队拿着问卷到校门口去采访的方式进行问卷调查。

二年级的孩子单纯、善良，当我提出要到校门口做一个小小的调查的时候，孩子们兴奋极了，教室里小手林立，孩子们都想拿着自己设计的调查表去做调查。可是很多事情都是说起来容易做起来难，二（4）班的小小调查组成立以后，孩子们用课间时间在走廊上练习如何对陌生人进行问卷调查，包括如何使用礼貌用语和提问的方式等，七嘴八舌地进行着热烈的讨论。

活动当天下午放学后，太阳小队的成员们一起走到校门口，却开始犹豫了起来：好多人啊，找谁问呢？怎么开口呢？他们好不容易选定了一个家长，怯生生地走过去，人家却扭头走了。在教室里自信满满、积极踊跃的孩子，走到校门口竟然变得犹犹豫豫、扭扭捏捏。

我在一旁观察，一边鼓励他们，一边手把手地教他们怎么说，在旁边等着接孩子的家长们像看表演一样地看着我们师生。

带着小队做了两位家长的调查后，我开始变成旁观者，让孩子自己去做调查。

在调查过程中，存在很多家长实际情况与他填写的调查情况根本不符的问题，比如，明明他当时没戴头盔，写问卷的时候却说自己"一定会佩戴头盔，否则不上路"，二年级（4）班的几个小调查员礼貌地说谢谢叔叔，于是我再次介入："您这不是没戴头盔吗，问卷上却写一定会戴头盔？"家长面红耳赤地道歉："我只是今天忘了，明天一定戴！"

就这样，二年级孩子们稚嫩地在校门口进行了问卷调查。

这样的问卷调查对二年级的孩子们来说确实是一个不小的考验。从面对本班的同学和老师，到面对全校的同学和家长，从教室内的演习、排练，到教室外的实践、操作，孩子们在这个过程中，大胆与人交际的能力、礼貌表达自己

的能力都得到了一定的锻炼。

反思这一环节的家校合作，其实还可以进行得更加深入。首先，在问卷调查开展前，家长可以对孩子进行活动前培训，相比教师，家长可以有更多精力与时间对孩子进行更具针对性的"岗前培训"，如强调校门口活动的安全教育，鼓励孩子大胆、主动地与人沟通，针对孩子的个性给予沟通技巧的指导等。在小队出动进行问卷调查时，家长可以加入进来，作为家长辅导员带队及时对小队的活动予以帮助。其次，对于其他家长，也应采取相应手段，呼吁家长合作，提醒家长不诚实、不遵守交通规则的行为会成为孩子的负面教材，对孩子成长不利。

环节二："大小宣传会"

校门口的问卷调查本身也是一个宣传活动，在开展问卷调查的过程中，孩子进行着活动的宣传。而第二阶段的宣传会分成两个部分来进行："小宣传会"是在教室进行制作宣传单、策划宣传方案；"大宣传会"是在校门口的宣传，面向全校的家长和学生。

考虑到校门口的交通比较复杂，尤其上、放学期间，车辆、行人比较多，为保障活动的顺利开展以及学生的人身安全，小队成员带着他们制作的宣传单、海报进行宣传的过程，借助了家长志愿者的力量，孩子们通过观察，发现没有佩戴头盔的家长和孩子，就会走过去给他们宣传单，对他们进行安全知识的普及。

骑行佩戴头盔是人人都必须遵循的规则，不仅是学校学生的家长，还应该是所有市民都必须有的安全意识，反思本次佩戴头盔的宣传活动，其实可以联合社会力量进行。在校内，来自社区的帮助常常表现在社工以及家长志愿者上，他们常常是连接学校与社区的桥梁，在今后的活动中，更好地利用社区力量进行活动，一定能增强活动效益。

环节三：小小纪念品：头盔贴纸

以年级孩子为主体的活动，当然与行政命令指导的活动有所不同，在孩子们的讨论中，我们有了一个主意，进行头盔贴纸的设计比赛，最后我们会订购一些贴纸，作为小小纪念品，奖励给佩戴了头盔上路的学生和家长。

于是，孩子们设计出了各种各样可爱的图形。

这个环节通过家长和孩子一起设计头盔贴纸的过程，提升家长和孩子对这方面的知识的了解，达到宣传效果。

环节四：生成与物化，活动的持续

通过家长的帮助、上网查阅资料或者是其他形式，孩子们也收获了很多安全知识。于是，二年级的孩子们自己动起手来，把自己制作的手抄报做成了班级文化宣传册，进一步提高活动的影响力。

班级文化对学生具有潜移默化的教育作用，是宝贵的教育资源，为了让活动的效果持续得更久，为了让活动更深入地影响孩子、影响更多的孩子，活动最终应该形成成果，在孩子中展现。二年级的孩子尚未达到独立完成班级文化设计的能力水平，因而在这一环节，老师和家长的指导是必不可少的。

三、活动反思——活动谋发展，参与促成长

本次活动的主要阵地不是教室，而是在车水马龙、交通复杂的校门口，这在很大程度上加大了活动的难度，从客观上讲，二年级学生年纪尚小，且校门口上、放学期间人流量、车流量大，而且正值道路施工期间，以小队为单位的活动，不管是在家长还是在老师的带领下，总还是存在令人担忧的安全隐患。另外，随着暑期临近，天气逐渐炎热，而上、放学时间校门口正是暴晒的时候，在这个时候进行活动，不管孩子、家长还是老师，都十分辛苦，骑行的家长也不愿久留，不一定会配合活动。

但是就活动目的的达成效果来看，本次活动在学生锻炼、整合家长资源以及安全宣传方面取得了一定的成效。在教室里面说再多的话、进行再多的练习，都比不上教室外一场真切的实践。在活动过程中，一些胆小的孩子第一次鼓起勇气与陌生人沟通，一些不善言辞的孩子努力地组织语言与家长或者同学说明佩戴头盔的重要性。在小队齐出动的过程中，孩子们懂得了彼此商量、分工合作的重要性。对家长而言，他们自己既是活动的发动者、参与者，也是活动的对象，参加活动的家长再也没有骑行不佩戴头盔的了，在与孩子共同参与活动的过程中，他们也学习到了相应的安全知识，更在校门口的调查和宣传活动中，影响到更多家长。

本活动以安全宣传为目的，而学生、家长和教师在活动的过程中均体现了自己的价值，收获了属于自己的成长，学校借用家长资源达到锻炼学生、安全宣传以及改善校门口安全状况的目的，而家长在活动过程中，提高了亲子生活

质量，提高了自己的安全意识，这正是本活动多元性的价值所在。

参考文献：

［1］张向众，叶澜.“新基础教育”研究手册［M］.福州：福建教育出版社，2015.

［2］李家成，王晓丽，李晓文.学生发展与教育指导纲要［M］.福州：福建教育出版社，2016.

［3］李家成.家校合作指导手册［M］.北京：北京大学出版社，2016.

后 记

一本书，一段旅程

当把这本书汇编成册时，纷杂的情感不由涌上心头。

三年前，我有幸成为深圳市第二批名班主任工作室主持人。但对如何建设工作室，建设怎样的工作室，我感到些许迷茫。幸得身边的专家、领导、同伴，一路的支持与帮助。

这是一段美好的旅程。

三年里，我们开展了"新基础教育"实践研究，探讨班主任的发展之路。衷心感谢导师华东师范大学李家成教授专业、细致的指导，也感谢光明区教科研中心谢德华、钟敬君主任的指点迷津，感谢光明区光明小学邓华香校长，何维泉、林水、陈国灵副校长，谢剑文、张红主任给予的支持与帮助，还要感谢深圳实验光明学校王喜峰校长的鼎力支持。工作室处于瓶颈期时，还有全国知名班主任钟杰老师与王怀玉老师的解答疑惑。有深圳市教育局和光明区教育局做坚实的后盾，有"新基础教育"研究的伙伴携手同行，有工作室老师们的齐心协力及家人的无私付出。正由于有了这样强大的后援团，才有了工作室的高质量发展。

这是一段共同学习的旅程。

三年来，我带着一群工作经验只有两三年的老师一起摸索，一起前行，着实不易。三年里，我们一起读书，一起实践，一起研究，一起写作。我们一共上了37节班会研讨课，其中区级以上的有21节，成员参与各类课题研究多达35项，写了60篇读后感，35篇教育叙事，24篇案例分析，做了37场讲座分享交流，发表了48篇文章，写了73篇推文。这一连串数字，承载着大家由青涩走向专业的印记。

这是一段互惠成长的旅程。

三年坚持，以读促知，以知促行，以行促写，以写促研。工作室伊始，老师们的文章，我一句句改，一句句推敲，有1稿到9稿的故事，有推翻重写的艰辛，也有一篇文章推敲两个月的不懈努力。可喜的是，年轻老师们有了零的突破。一年内，有从没发过文章到发表10篇文章的佼佼者，也有工作了17年的"老班"。这是质的飞跃，也是对我前期工作的充分肯定。同时，在修改老师们的文章时，我自己也获得了锻炼和成长。这是一个互惠的过程，也是一个共同成长的过程，更是互相促进的过程。

作为此书的汇编者，在此真诚感谢工作室小伙伴们的信任与支持。陈婷婷、罗丹梅、梁慧凌、缪志娣、曾旭红老师作为每一章节的组长，负责从众多文稿中筛选校对，特别是梁慧凌老师负责汇总审核，在此深表谢意。由于水平有限，书中可能还存在许多不足，欢迎读者指正。

一本书，一段路程，一群人结伴同行，互惠成长，感恩生命中所有的遇见。

林小燕

2021年12月20日